AF231404

Peut-on tout pardonner ?

Editions Eyrolles
61, bd Saint-Germain
75240 Paris Cedex 05
info@eyrolles.com
www.editions-eyrolles.com

La collection « Métamorphose » est dirigée par Anne Ghesquière, fondatrice du magazine FemininBio.com, pour mieux vivre sa vie !

Dans la même collection :
Coffret *Métamorphose*, Anne Ghesquière, illustrations de Marie Ollier
Lâche ton trapèze et attrape le suivant, Ollivier Clerc

Création de maquette, composition et illustrations « Les deux nuages » : Hung Ho Thanh
Illustration en débuts de parties : Miguel Porlan

En application de la loi du 11 mars 1957, il est interdit de reproduire intégralement ou partiellement le présent ouvrage, sur quelque support que ce soit, sans autorisation de l'éditeur ou du Centre français d'exploitation du droit de copie, 20, rue des Grands-Augustins, 75006 Paris.

© Groupe Eyrolles, 2015
© Editions Eyrolles, 2020
ISBN :978-2-212-56213-2

Olivier Clerc

Peut-on tout pardonner ?

Les principaux obstacles au pardon
et comment les surmonter

EYROLLES

Table des matières

© Groupe Eyrolles

© Groupe Eyrolles

Remerciements

Je tiens à remercier chaleureusement toute l'équipe des Éditions Eyrolles, et en particulier Gwénaëlle, Anne, Valérie et Magali, pour la conscience et le cœur mis dans la réalisation de chacun de mes livres.

Je remercie également mes divers relecteurs et relectrices, dont les observations ont permis à ce manuscrit d'atteindre sa forme définitive, enrichie de leurs commentaires et suggestions, notamment (dans le désordre) : Denise, Gérard, Marie-José, Guy, Isabelle, Pierre, Jean-Yves et Philippe.

Un grand merci à Marina Cantacuzino, fondatrice du Forgiveness Project, à Londres, de m'avoir autorisé à publier dans ces pages plusieurs récits de grands témoins du pardon, auxquels j'exprime aussi toute ma gratitude : Andrew Rice, Yulie Cohen, Bud Welch, Katy Hutchinson et Ryan Aldridge, Mary Foley, Ginn Fourie et Letlapa Mphahlele.

Merci également au Dr Fred Luskin et à Colin Tipping de m'avoir accordé leur autorisation pour présenter leurs approches respectives du pardon et traduire certains de leurs documents de travail reproduits ici.

Enfin, merci à ceux, parmi les participants à mes ateliers Don du Pardon, qui ont pris le temps de partager avec moi leur expérience, dont quelques témoignages parsèment les pages qui suivent : Sylvie, Mylène, Patrick, Véronique, Dominique, Laure et Thomas.

© Groupe Eyrolles

Du même auteur

- *Mandalas bien-être : Accords toltèques*, Jouvence, 2014.

- *Les Accords Toltèques : une chevalerie relationnelle*, Trédaniel, 2014.

- *Lâche ton trapèze et attrape le suivant !*, Eyrolles, 2014.

- *J'arrête de (me) juger : 21 jours pour changer*, Eyrolles, 2014.

- *Le Jeu des Accords toltèques : la voie du chevalier pour des relations impeccables*, avec Marc Kucharz et Brandt Morgan, Trédaniel, 2012.

- *Mettre de l'ordre en soi, avec le Tamis à 4 étages*, Trédaniel, 2012.

- *Le Don du Pardon : un cadeau toltèque de Don Miguel Ruiz*, Trédaniel, 2010.

- *Même lorsqu'elle recule, la rivière avance : neuf histoires à vivre debout*, JC Lattès, 2010.

- *La grenouille qui ne savait pas qu'elle était cuite… et autres leçons de vie*, JC Lattès, 2005.

- *Le Tigre et l'Araignée : les deux visages de la violence*, Jouvence, 2004.

- *Médecine, religion et peur : l'influence cachée des croyances*, Jouvence, 1999.

- *« Appelez-moi Maître ! »*, Partage, 1987.

- *L'océan intérieur : guide du caisson d'isolation sensorielle*, Soleil, 1985.

- *Vivre ses rêves : comment programmer ses rêves et induire des rêves lucides*, Hélios, 1984.

© Groupe Eyrolles

Ils en parlent...

« Olivier Clerc nous offre un livre remarquable, qui invite à nous réinterroger en profondeur sur le sens du pardon, en écartant de nombreuses erreurs de compréhension à son sujet. Un livre à lire, à relire et à offrir ! »

Jacques Lecomte, Docteur en psychologie, auteur notamment de *La bonté humaine*, *Donner un sens à sa vie* et *La résilience : se reconstruire après un traumatisme*

« Le pardon est une des démarches les plus importantes aujourd'hui pour la création de ce monde gagnant-gagnant qui doit advenir si nous voulons survivre comme espèce. Olivier Clerc travaille inlassablement dans ce sens. Ce livre fort est une étape décisive vers cet objectif. »

Pierre Pradervand, auteur de *Vivre sa spiritualité au quotidien* et *Se faire le cadeau du pardon*

« Voilà un livre qui va aider bien des personnes à faire du chemin. C'est un bel ouvrage de fond qui invite à travailler sur soi, à méditer, à se remettre profondément en question, à devenir meilleur : à grandir, pour tout dire. C'est un vrai livre de spiritualité. »

Jean-Yves Revault, auteur notamment de *Les 7 démons sur le chemin du pardon*

© Groupe Eyrolles

Avant-propos

Le pardon a croisé ma route de manière inopinée en 1999. Je venais de traduire en français et de publier chez Jouvence *Les Quatre Accords toltèques* de Don Miguel Ruiz. Comme je l'ai raconté dans *Le Don du Pardon*[1], je suis parti deux semaines au Mexique, à Teotihuacan, pour rencontrer cet auteur en personne et suivre un enseignement avec lui. À ma grande surprise, dès le deuxième jour, Don Miguel m'a fait vivre une bouleversante expérience de pardon – que rien ne laissait présager dans le programme du stage – qui allait radicalement changer ma vie. En l'espace de quelques dizaines de minutes à peine, le rituel en quatre étapes par lequel je suis passé m'a donné accès à ce pardon qui me semblait bien difficile à atteindre, malgré l'éducation catholique que j'avais reçue où cette notion joue un rôle essentiel. Ce n'est pas l'ouverture du cœur que j'ai découvert ce jour-là au Mexique, mais la guérison du cœur, un moyen de cicatriser ces blessures légères ou profondes, rares ou nombreuses, que la plupart d'entre nous ne manquent pas d'accumuler durant leur vie, et notamment pendant l'enfance.

Il aura fallu dix ans pour que la graine semée par Miguel Ruiz dans mon jardin intérieur, déjà cultivé par vingt ans de vie spirituelle avant de le rencontrer, parvienne à maturité ; dix ans pour qu'en sorte un arbre dont je puisse à mon tour partager les fruits autour de moi. En 2010 parut d'abord en anglais, puis huit mois plus tard en français (avant de faire l'objet de plusieurs autres traductions), le livre où je relatais mon initiation au pardon et l'enseignement que j'en avais tiré au fil des ans. Mon objectif était simplement de partager ce processus avec mes lecteurs, pour qu'ils puissent le vivre à leur tour chez eux. Je n'avais jamais envisagé d'animer des ateliers de pardon pour accompagner moi-même d'autres personnes sur ce chemin. Ce sont deux amis psychothérapeutes transpersonnels qui m'ont suggéré de proposer de tels ateliers, pour que les personnes intéressées puissent vivre ce processus dans un espace sécurisé, encadré. J'ai donc suivi leur suggestion, non sans quelque hésitation. Étais-je habilité

© Groupe Eyrolles

---

1   Olivier Clerc, *Le Don du Pardon*, Trédaniel, 2010.

à conduire d'autres sur ce chemin ? Est-ce que ça allait marcher ? En franchissant ce pas, je n'imaginais pas un seul instant que cette nouvelle activité allait en l'espace de deux ans devenir la première des diverses casquettes que je porte aujourd'hui.

Le succès inattendu rencontré par ces ateliers m'a fait prendre conscience combien grande était la demande de moyens de parvenir au pardon, dans notre société. Cette prise de conscience a entraîné deux nouveaux développements, pour y répondre.

Premièrement, fin 2012, avec mon épouse Annabelle, nous avons organisé les premières *Journées du Pardon*, en collaboration avec l'association Artisans de Paix que dirige Alain Michel au bien nommé Val de Consolation, dans le Doubs. L'idée qui sous-tend cet événement de quatre jours est qu'il n'existe pas davantage de panacée pour guérir les blessures du cœur que pour celles du corps. Ce qui vous convient, à tel moment de votre vie, n'est pas forcément adapté à telle autre personne, ni même peut-être à vous-même à telle autre période. D'où l'importance de disposer d'une pluralité de « thérapies », de moyens de guérir notre cœur. Nous avons donc réuni plus d'une vingtaine d'intervenants de sept pays différents, qui sont venus proposer un large éventail de conférences, d'ateliers et cérémonies pour cheminer sur les voies du pardon : un grand buffet dégustation, en quelque sorte, pour qu'avec un peu de chance chaque participant puisse trouver la voie spécifique qui lui convient à ce moment-là pour parvenir au pardon. Le succès de cette première édition – 200 personnes au total – nous a incités à reconduire l'événement fin 2014, avec toujours autant de succès.

Deuxièmement, devant le nombre croissant de personnes souhaitant pouvoir travailler sur le pardon, je me suis dit qu'on pourrait peut-être créer des Cercles de Pardon, comme il existait déjà des cercles de guérison, des cercles de prière, des cercles de méditation, des cercles d'hommes ou de femmes, etc. L'idée m'est venue à Paris, puis à Varna (Bulgarie), lorsqu'à quelques mois d'intervalle l'on m'a invité à animer un atelier de deux heures seulement pour présenter mon approche. Au départ, il me semblait impossible de condenser en deux heures ce que je faisais habituellement en deux jours. Mais sur place, j'ai été poussé à

© Groupe Eyrolles

tenter l'impossible, ou plus précisément à faire vivre aux participants juste le cœur – c'est le cas de le dire ! – du processus qui s'échelonne normalement sur un week-end. Et les résultats ont dépassé toutes mes attentes. En deux heures à peine, les personnes présentes ont vécu quelque chose d'analogue à ma propre expérience au Mexique. Nombre d'entre elles ont pu se libérer de l'étau qui enserrait leur cœur et toucher – parfois pour la première fois – à une dimension d'amour qui leur était inconnue jusque-là. C'est ce qui m'a conduit à proposer aux personnes ayant déjà suivi un atelier complet avec moi de se former à leur tour pour créer et animer des Cercles de Pardon dans leur ville, dans leur région ou leur pays. Là encore, la réponse a été bien au-delà de mes plus folles espérances. En l'espace de dix-huit mois seulement, plus d'une cinquantaine de Cercles de Pardon se sont créés entre la France, la Belgique, la Suisse, la Polynésie et les Antilles[2].

Depuis le début de cette aventure, au fond, j'ai juste l'impression d'accompagner un processus qui me dépasse. Je m'efforce de surfer cette grande et belle vague du pardon, de lui offrir les canaux adéquats où son eau bienfaisante puisse librement s'écouler et toucher ceux et celles qui en ont soif, comme d'autres le font avec des approches complémentaires. Chaque étape succède naturellement à la précédente.

Aujourd'hui, avec un recul de cinq ans depuis la parution du *Don du Pardon* et l'animation des premiers ateliers, il m'est apparu nécessaire de partager avec mes lectrices et lecteurs tout ce que ces riches interactions avec les participants m'ont permis de comprendre et d'approfondir. C'est la raison d'être de ce livre.

« Peut-on tout pardonner ? », titre de ce nouvel opus, est sans doute la question qui m'a été le plus souvent posée, en conférence ou en atelier. Pour beaucoup d'entre nous, en effet, c'est LA grande interrogation en rapport avec le pardon. Pardonner les souffrances petites et moyennes qu'on peut avoir subies dans son enfance, dans une relation de couple, au travail ou ailleurs, « D'accord », disent beaucoup. Mais faut-il pardonner

---

2   Voir le site www.cerclesdepardon.fr

© Groupe Eyrolles

à Hitler ou à Ben Laden ? à un violeur, à un pédophile ? à des meurtriers, des psychopathes ?

Pour répondre adéquatement à cette question, il m'a paru tout d'abord nécessaire de redéfinir ce qu'on met derrière le terme « pardonner ». Comme bien d'autres notions, celle du pardon fait l'objet de nombreuses acceptions et compréhensions très différentes, d'une personne à une autre. Au fil des ans, je me suis rendu compte que le pardon, dans notre société, est un terme éminemment flou, imprécis, dans lequel sont le plus souvent englobées pêle-mêle toutes sortes de choses différentes qui doivent en être très clairement distinguées. Avant de vouloir pardonner quoi que ce soit, encore faut-il savoir avec précision ce que l'on entend par cette démarche.

Y avez-vous réfléchi ?

Sinon, je vous propose – pour commencer – de prendre quelques minutes pour le faire :

- D'où vous vient votre propre manière d'envisager le pardon ?

- Quelle en est votre conception à vous ?

- De quelles influences religieuses, sociales, psychologiques ou philoso-phiques se teinte-t-elle, selon vous ?

- Vous paraissent-elles pertinentes ? Les avez-vous questionnées ?

- En connaissez-vous d'autres ?

Dans les pages qui suivent, nous commencerons donc par redéfinir ce qu'est le pardon, tel qu'il sera développé ici, sur la base de l'expé-rience concrète : humblement la mienne, bien sûr, mais surtout celle des nombreux participants aux ateliers et cercles de pardon, ainsi que celle des divers intervenants aux *Journées du Pardon* et des grands témoins de pardon qui ont partagé avec nous leur vécu.

Ensuite, pour mieux cerner ce qu'est vraiment le pardon et donc apporter la réponse la plus juste possible à notre question – *Peut-on tout pardonner ?* – nous aborderons les nombreux amalgames, erreurs de compréhension et simplifications dont le pardon fait l'objet dans la

© Groupe Eyrolles

manière dont beaucoup d'entre nous le conçoivent au départ, sur la base de ce qui s'en dit autour de nous. Et qui sont autant d'obstacles sur le chemin du pardon qu'il faut savoir écarter ou surmonter. S'y ajoutent certains mécanismes inconscients, certains automatismes du cœur et de l'intellect, qui nous font réagir aux blessures et aux violences que nous subissons d'une manière qui fait trop souvent entrave au pardon, plutôt qu'elle ne le favorise. Leur mise en évidence permettra l'adoption consciente d'autres attitudes, d'autres fonctionnements qui multiplieront nos chances de réussir à faire œuvre de pardon dans notre vie.

Pour ne pas rester seulement dans la réflexion – aussi importante et nécessaire soit-elle dans ce domaine – le développement de ces quinze obstacles majeurs au pardon sera entrecoupé de récits et témoignages saisissants, d'une part, et de la présentation de plusieurs outils de pardon, d'autre part. Au fil des pages, vous découvrirez donc :

- Des grands récits de pardon. Publiées à l'origine par le Forgiveness Project (voir p. 15), ces histoires bouleversantes sont toutes authentiques. Vous y découvrirez comment des personnes comme vous et moi, brutalement confrontées à l'innommable, sont parvenues à trouver un chemin vers le pardon et la paix du cœur. Leurs récits sont hautement inspirants.

- Des témoignages de pardon. Il m'a semblé utile de partager avec vous quelques-uns des nombreux témoignages que j'ai reçus au fil des ans de personnes ayant pu faire ce chemin vers le pardon au cours des ateliers et des cercles de Don du Pardon que j'anime. L'exemple d'autrui est toujours source d'inspiration et d'encouragement pour soi-même.

- Quatre approches du pardon. J'ai choisi de vous présenter quatre méthodes pratiques de pardon que j'ai eu l'occasion d'expérimenter moi-même : Ho'oponopono, le pardon radical de Colin Tipping, les neuf étapes du pardon du Dr Fred Luskin, et le Don du Pardon que m'a transmis Don Miguel Ruiz.

La redéfinition du pardon proposée dans ces pages, et la mise en évidence des obstacles qui en pavent actuellement la route, enrichie par ces témoignages à la première personne, devraient finalement éclairer d'un jour

© Groupe Eyrolles

nouveau la question posée par ce livre et ainsi aboutir à une réponse autrement plus riche et plus pertinente qu'un simple oui ou non. Comme le suggère la sagesse juive : « Entre deux solutions... il faut choisir la troisième ! »

En vous souhaitant un agréable cheminement sur les voies du pardon,

De tout cœur,

Olivier Clerc

PS : En bonus, j'ai décidé d'inclure dans le présent ouvrage la « Métaphore des deux nuages » (voir p. 137), que j'utilise dans mes ateliers, une manière imagée, d'inspiration transpersonnelle, d'envisager la violence, l'amour et le pardon

PPS : Par une de ces étranges coïncidences – synchronicité, diraient certains – j'ai apporté la dernière touche à ce manuscrit avant de l'envoyer à mon éditeur le dimanche 11 janvier 2015. Ce jour-là, rappelez-vous, Paris (mais aussi la province) a été le lieu du plus grand rassemblement jamais vu depuis la Libération, une gigantesque manifestation d'unité et de solidarité avec les victimes de l'attentat contre *Charlie Hebdo* et leurs proches. Le même jour, l'animatrice d'un Cercle de Pardon m'écrivait : « Ce qui se passe actuellement vient de me faire prendre conscience à quel point tout ce travail, cette réflexion sur le pardon m'est utile en ce moment pour ne pas me perdre dans le jugement et l'exclusion. » Le lendemain, dans son édition du 12 janvier, le journal *La Croix* publiait un article intitulé, *Enseigner le vivre ensemble, une nouvelle mission pour l'école*. Les choses bougent. Je crois, depuis trente ans, à la nécessité de cet apprentissage du vivre ensemble, et en particulier à l'acquisition des outils qui permettent d'apprendre la gestion de ses émotions et ses relations, la résolution non-violente des conflits, le bien vivre ensemble. Je forme donc le vœu que par l'un de ces retournements dont les humains – et les Français – ont le secret, nous sachions transformer ces tragiques événements en une formidable opportunité d'évolution collective vers une société plus humaine, plus fraternelle, plus solidaire, plus libre et plus responsable.

© Groupe Eyrolles

LE FORGIVENESS PROJECT

Le Forgiveness Project (Projet Pardon) est une association caritative du Royaume-Uni, fondée par la journaliste britannique Marina Cantacuzino. Il s'appuie sur les récits authentiques de personnes ayant commis ou survécu à de la violence, pour explorer le concept du pardon et les alternatives à la vengeance. Il œuvre dans les prisons, les écoles, les entreprises et les communautés locales, ainsi qu'avec quiconque souhaite se pencher sur la nature du pardon, que ce soit dans sa propre vie ou dans un contexte politique élargi.

Le Forgiveness Project a créé une exposition exceptionnelle, *The F… Word*, constituée des témoignages de personnes du monde entier ayant vécu des drames souvent terribles, et ayant réussi ensuite à faire œuvre de pardon. Cette exposition a voyagé à travers tout le Royaume-Uni et dans de nombreux autres pays. Elle est également visible (en anglais) sur le site du Forgiveness Project.

Pour les premières *Journées du Pardon* au Val de Consolation, en 2012, j'ai obtenu l'autorisation de traduire une douzaine de ces histoires en français et d'en faire une exposition sur grands panneaux imprimés. Au-delà de cette exposition physique, je souhaitais que ces histoires puissent être lues plus largement, et je remercie Marina Cantacuzino de m'avoir autorisé à en reproduire certaines dans ce livre. Je remercie également l'équipe de traducteurs bénévoles qui a traduit ces histoires en français sous ma supervision : Nathalie Godts, Olivier Vinet, Baptiste Kervella et Anne Krief.

Ces récits donnent tout leur sens à une éducation au pardon. Ils montrent qu'on peut guérir de l'indicible.

Pour en savoir plus : theforgivenessproject.com

© Groupe Eyrolles

Partie 1

Le pardon, c'est quoi au juste ?

© Groupe Eyrolles

Comme beaucoup d'autres notions, le pardon a des significations très différentes pour chacun d'entre nous. Quelle est la première chose que ce terme évoque pour vous, par exemple ?

Pour certains, c'est d'abord le « Demande-lui pardon ! » qu'on nous intimait, petit, en famille ou à l'école, lorsqu'on avait mal agi vis-à-vis d'un autre enfant. Un pardon souvent vécu comme humiliant, parce qu'imposé avec autorité, et donc rarement sincère. Des intentions louables sous-tendent certainement ce réflexe éducatif, mais elles n'atteignent que très imparfaitement leur but et peuvent imprimer chez ceux qui l'ont subi une compréhension pour le moins sommaire du pardon.

Pour d'autres, notamment dans la tradition chrétienne, dans laquelle il joue un rôle de tout premier ordre, le pardon évoque avant tout la religion, qu'il s'agisse de la récitation du Notre Père (« Pardonne-nous nos offenses, comme nous pardonnons à ceux qui nous ont offensés ») ou de la pratique de la confession pour obtenir le pardon de ses péchés réels... ou inventés pour l'occasion. Ces pratiques, selon qu'elles sont exécutées de manière machinale ou plutôt le fruit d'une démarche délibérée et réfléchie, peuvent laisser des empreintes très différentes en chacun : untel n'en gardera que le souvenir de quelque chose d'artificiel et peu utile, tandis que tel autre en aura fait une pratique spirituelle sincère et bénéfique.

En ce qui me concerne, il m'aura fallu attendre cette expérience fondatrice au Mexique, à presque 40 ans, pour entamer une réflexion en profondeur sur ce que signifiait véritablement le pardon pour moi, doublée d'une mise en pratique régulière du rituel que j'avais reçu. Au fond, je ne m'étais jamais vraiment demandé ce que signifiait pardonner ou demander

© Groupe Eyrolles

pardon. En théorie, ça semble aller de soi. On a commis une erreur, voire une faute envers quelqu'un ? On lui demande pardon. Inversement : on a soi-même été victime des mauvais agissements d'autrui ? On s'efforce de lui pardonner. Bien.

Et dans la pratique ?

Dans la pratique, ça s'avère beaucoup plus compliqué dans les deux cas. Même lorsqu'on reconnaît ses torts, il n'est pas facile de demander pardon : on a l'impression de donner du pouvoir sur soi à l'autre. De se mettre en vulnérabilité, voire en danger. Et lorsque l'on est soi-même celui qui a souffert, accorder son pardon – même quand on estime qu'il est bon de le faire, voire qu'on devrait le faire – peut s'avérer très difficile, malgré toutes nos belles intentions.

Pourquoi ?

Pourquoi le pardon est-il, le plus souvent, quelque chose de très compliqué pour la plupart d'entre nous, comme le rappelle chaque jour l'actualité aux quatre coins du globe ?

Peut-être, justement, parce que nous n'avons pas les idées claires quant à ce qu'il recouvre vraiment : une compréhension floue, approximative, entraîne une mise en pratique hasardeuse ou fastidieuse du pardon. En fait, nous ne comprenons pas trop par quels canaux il est susceptible de se manifester en nous. Il demeure alors quelque chose de relativement mystérieux qui ne semble guère dépendre de notre volonté. D'où, sans doute, la conviction de nombreux croyants que le pardon dépend de Sa volonté à Lui, qu'elle relève de la seule grâce divine. Une option respectable, certes, mais difficile à comprendre et surtout impossible à mettre en pratique pour les non-croyants...

Dans les Cercles de Pardon, qui se tiennent une fois par mois dans de nombreuses villes, le pardon est d'abord quelque chose qui se vit. L'intellect est momentanément court-circuité. Il arrive souvent que les personnes y débarquent avec de nombreuses interrogations, voire des blocages, et qu'elles doutent de pouvoir trouver le pardon espéré. Ce n'est pas intellectuellement qu'elles trouvent leurs réponses dans ce cercle, mais dans un vécu plus poignant dont découlera dans un deuxième

© Groupe Eyrolles

temps une nouvelle compréhension de ce qu'est le pardon, fondée désormais sur une expérience personnelle.

Mais puisque nous sommes ici dans un livre et non dans un cercle, c'est d'abord une nouvelle vision du pardon que je m'efforcerai d'esquisser ici, en souhaitant qu'elle vous incite ensuite à passer à la pratique, seul(e) ou en groupe, à l'aide des divers moyens disponibles pour cela, dont plusieurs sont présentés dans ces pages.

Trois métaphores qui me sont chères mettent en évidence cette nouvelle manière d'envisager le pardon, qui apporte chacune un éclairage complémentaire.

Le pardon ou la *guérison des blessures du cœur*

Imaginez que vous vous soyez fait une entaille à la jambe. Vous saignez un peu. Si vous attendez sans rien faire, la plaie risque à terme de s'infecter. Chacun sait cela, aussi avons-nous le réflexe de désinfecter au plus vite la blessure et de laisser ensuite le corps cicatriser par ses propres moyens. S'il s'agit d'une atteinte plus grave, il peut s'avérer nécessaire de recourir aux soins d'un médecin pour vous faire recoudre, avant que votre corps, une fois encore, mette en œuvre ses propres processus de guérison.

Qu'en est-il maintenant des blessures qui ne concernent plus votre corps, cette fois, mais votre cœur, vos sentiments ?

Comme vous pouvez en faire le constat par vous-même, la majorité d'entre nous – sinon la totalité – parvient à l'âge adulte en ayant subi et accumulé toutes sortes de blessures émotionnelles, légères ou profondes, occasionnelles ou fréquentes. Nous avons pratiquement tous été blessés dans l'enfance, à l'adolescence ou à l'âge adulte. Notre cœur a pris des coups. Certains disent même qu'il a été « brisé » plus d'une fois.

© Groupe Eyrolles

Que sont devenues ces blessures ?

Une grande part d'entre elles n'a jamais guéri. Certes, les petites ont cicatrisé toutes seules. Mais les plus profondes, les plus graves, sont généralement restées ouvertes ou devenues des kystes émotionnels, prompts à se rouvrir et à secréter à nouveau toutes sortes d'émotions toxiques, négatives. Si vous pouviez voir votre « corps émotionnel », ainsi qu'on dénomme parfois le siège de nos sentiments et émotions, vous le verriez sans doute recouvert de plaies de toutes tailles, de la tête au pied, plus ou moins infectées ou cicatrisées selon les cas. C'est notre lot à tous, sauf rares exceptions.

S'agissant de la médecine du corps physique, qu'on soit ou non partisan de l'allopathie, il faut reconnaître que la chirurgie moderne fait des miracles. Elle parvient à recoudre des parties du corps amputées par accident, à restaurer l'intégrité de personnes laissées en mille morceaux par une chute en montagne ou un accident de voiture, et autres prouesses du même genre.

> **"** *Le pardon – tel que nous l'envisagerons ici – est la cicatrisation, la guérison des blessures du cœur. Il est le baume qui permet de les soigner. Il est le remède à ce poison émotionnel que constituent la haine, la rancœur et le ressentiment.* **"**

Mais de quelle médecine disposons-nous pour guérir et cicatriser les blessures du cœur ? De toute évidence, nous sommes très en retard dans ce domaine, à voir dans quel état se trouve un si grand nombre d'entre nous, souvent durant des années.

Cette médecine ou plutôt ces médecines existent pourtant, elles aussi. Le pardon en est précisément la clé de voûte. Le pardon – tel que nous l'envisagerons ici – est en effet la cicatrisation, la guérison des blessures du cœur. Il est le baume qui permet de les soigner. Il est le remède à ce poison émotionnel que constituent la haine, la rancœur et le ressentiment. En l'absence de pardon, la guérison

© Groupe Eyrolles

n'est pas achevée, la plaie a juste été maladroitement dissimulée – on la masque derrière les histoires qu'on se raconte – aussi est-elle susceptible de se rouvrir et de saigner à nouveau à tout moment.

À elle seule, cette définition change déjà radicalement la manière de comprendre et d'envisager le pardon. Faire œuvre de pardon, dans cette nouvelle perspective, c'est guérir mes blessures, c'est soigner mon cœur, c'est me libérer de l'étau de la haine et de l'envie de vengeance. C'est un cadeau que je me fais à moi-même avant tout. Car si je n'arrive pas à pardonner, c'est bien moi qui souffre, c'est moi qui conserve des plaies ouvertes et purulentes, c'est moi qui m'auto-intoxique avec mes propres sécrétions émotionnelles négatives : rancune, ressentiment, colères refoulées, rage silencieuse, etc. Seul le pardon peut m'apporter la guérison tant souhaitée. C'est lui qui peut mettre fin à mes souffrances et permettre à mon cœur d'aimer à nouveau.

Ce parallèle entre plaies physiques et blessures émotionnelles, entre ce qui porte atteinte à l'intégrité de mon corps ou de mon cœur, est riche d'enseignement, pour peu qu'on prenne la peine de l'approfondir. Par exemple, l'époque n'est pas si lointaine où le seul recours, face à certaines maladies que l'on guérit désormais facilement, était alors la prière. On était totalement impuissant face à ces maux, on ne pouvait rien faire pour les combattre, aussi ne restait-il plus qu'à s'en remettre à Dieu, à plus grand que soi... ou à s'abandonner au désespoir[1]. Depuis, la médecine n'a cessé de faire des progrès, augmentant ainsi d'année en année les maux qu'il est possible de guérir, et même la capacité de chacun à prendre soin de sa propre santé et à se soigner d'un certain nombre de maladies bénignes. Les méthodes de soin et les traitements découverts par certains ont pu être enseignés à d'autres et se propager partout où ils pouvaient être utiles.

De manière analogue, la guérison des blessures du cœur a longtemps semblé ne relever que d'une intervention divine, d'une grâce venue d'en haut. On avait beau vouloir pardonner, désirer guérir, le cœur n'obéissait pas davantage à notre volonté que les processus de guérison du corps

---

1   En disant cela, je ne sous-estime nullement la puissance remarquable de la prière.

© Groupe Eyrolles

physique. Depuis un certain nombre d'années, toutefois, la « médecine du cœur », la médecine émotionnelle, a elle aussi fait de grands progrès. La psychothérapie, notamment, s'est enrichie de diverses approches qui permettent de cheminer vers la guérison des blessures du cœur. Le pardon n'y est pas toujours inclus, parce que certains le croient à tort réservé au domaine religieux, comme d'autres le jugent carrément *has been* et obsolète. On le voit cependant de plus en plus revenir et prendre la place essentielle qui est la sienne – comme le couronnement ultime de ce processus de guérison – grâce à l'évolution progressive dont fait l'objet sa compréhension, comme nous le faisons ici. De nouveaux outils, de nouvelles approches du pardon – dont plusieurs non religieuses – ont vu le jour et commencent à se diffuser un peu partout où les gens en ont besoin. Plusieurs sont présentées dans ces pages. Certaines nécessitent un travail collectif, en groupe, en cercle, tandis que d'autres peuvent être utilisées individuellement. Pour certaines personnes, ces pratiques relèvent d'ailleurs d'une véritable hygiène du cœur, ce qui nous conduit à notre seconde métaphore (après le premier récit qui suit).

FORGIVENESS PROJECT — **Récit de Mary Foley (Angleterre)**

En 2005, Charlotte, la fille de Mary Foley âgée de 15 ans, fut assassinée lors d'une soirée anniversaire dans l'Est de Londres. En février 2006, Beatriz Martins-Paes, âgée de 18 ans, fut emprisonnée à vie pour cette attaque gratuite. Un an plus tard, Mary reçut une lettre de Beatriz.

Ce fut très tôt un dimanche matin que la police appela pour m'annoncer que Charlotte avait été poignardée. J'ai été comme catapultée dans un monde différent, la mort étant la dernière chose à laquelle je m'attendais. Même à l'hôpital, en voyant tous ces jeunes gens angoissés qui pleuraient, je n'avais pas encore sombré. Ce ne fut que quand trois médecins entrèrent dans la pièce que je sus que

© Groupe Eyrolles

quelque chose de terrible était arrivé. « Je suis désolée Madame Foley, me dit l'un d'entre eux, mais nous n'avons pas pu la sauver. »

Je ne savais pas quoi faire. J'ai immédiatement commencé à transpirer. Je marchais de long en large dans les couloirs de l'hôpital. Je n'arrivais pas à y croire. Les jours qui suivirent, je ne parvenais pas à reprendre pied. Les gens venaient à la maison, mais j'étais comme paralysée. Je n'étais pas sûre que tout cela était bien réel.

Finalement, deux semaines plus tard, j'ai réalisé que Charlotte n'était pas seulement morte, mais qu'elle avait été assassinée. Assassinée par Beatriz Martins-Paes. Puis, j'ai entendu des rumeurs comme quoi c'était la faute d'une autre fille : une fille qui aurait dû être à cette soirée et qui ne s'y était jamais présentée. Celle-ci nourrissait une vieille rancœur contre Beatriz et prévoyait de s'expliquer avec elle pendant la soirée.

C'est pourquoi Beatriz était venue armée de deux couteaux, complètement surexcitée, ayant fumé de l'herbe, elle était prête à faire du mal. Malheureusement, c'est Charlotte qui a subi le courroux de Beatriz.

Les premiers jours, je ne pensais pas au pardon. Je pensais juste à ma fille chérie, Charlotte, qui ne savait pas qu'elle allait être poignardée ce soir-là, et à moi qui n'étais pas là pour la tenir dans mes bras.

> *Je savais que si je n'arrivais pas à pardonner, la colère et la rancœur m'auraient transformée en une personne que Charlotte n'aurait pas aimée.*

C'était très dur à avaler. J'avais tellement d'espoir pour Charlotte. Elle était devenue une belle jeune femme qui voulait devenir assistante sociale et travailler avec les jeunes. Tout son avenir prometteur a été réduit à néant en un instant.

Deux semaines après le décès de Charlotte – alors que je priais et m'accrochais à ma foi, recevant aide et réconfort du Christ et de mon mari – Dieu m'a donné la force et la grâce de pardonner. Je n'ai

© Groupe Eyrolles

rien dit à ma famille à ce moment-là, parce que j'ai senti qu'ils ne pourraient pas comprendre. Quand j'ai fini par le dire à mon mari, il m'a dit : « J'y arriverai aussi un jour ». En ce qui me concerne, je savais que si je n'arrivais pas à pardonner, la colère et la rancœur m'auraient transformée en une personne que Charlotte n'aurait pas aimée. Quelqu'un que personne non plus dans ma famille ou parmi mes amis n'aurait apprécié.

Au début, pardonner m'a libérée, parce que sans pardon, je sentais que j'allais m'enfermer intérieurement. Je ne pensais pas beaucoup à l'auteure du crime. C'est seulement au tribunal, quand j'ai appris les abus physiques que la mère de Beatriz subissait à la maison, et que Beatriz avait aussi été exposée à la même violence, que j'ai commencé à éprouver de la compassion pour elle et à comprendre pourquoi elle en était arrivée là.

Elle n'a pourtant aucune excuse : elle avait le choix et c'est elle seule qui a fait ce choix.

Le pardon m'a soulagé d'un poids que je ne voulais pas porter. Il m'a permis d'utiliser ce qui était arrivé à Charlotte pour éduquer les jeunes aux conséquences possibles du port d'un couteau pour se protéger.

Quelques mois après le procès, Beatriz m'a écrit pour me dire qu'elle était vraiment désolée et qu'elle n'avait pas eu l'intention de tuer Charlotte. Elle disait que cela avait été un moment de folie. J'étais contente de recevoir cette lettre et je lui ai répondu que je lui avais pardonné. Ensuite, elle m'a envoyé une lettre de quatorze pages avec plus de détails sur sa vie ; elle me posait des questions sur Charlotte. J'étais très étonnée de voir que ces deux jeunes filles partageaient les mêmes intérêts et les mêmes inquiétudes. Je lui ai alors répondu, cette fois, en lui parlant de ma merveilleuse fille.

Ce n'est qu'un an plus tard que la lettre suivante me parvint, et celle-ci était différente. Beatriz m'y écrivait que j'étais la seule personne à pouvoir l'aider. C'était un véritable appel au secours : une lettre désespérée. Elle portait à l'évidence une souffrance et une

© Groupe Eyrolles

culpabilité immenses. J'ai alors senti que j'étais prête à rencontrer Beatriz. Cela m'aiderait et je pensais que cela pouvait aussi l'aider à passer le cap. Elle aura la trentaine quand elle sortira de prison, et j'aimerais qu'elle ait une belle carrière et un état d'esprit optimiste. Et plus que tout, j'aimerais qu'elle apprécie sa vie et celle des autres.

Certaines personnes disent que je suis courageuse et forte, d'autres ne disent pas grand-chose. Même si personne n'est venu me dire : « Tu ne peux pas avoir aimé ta fille si tu pardonnes à celle qui l'a tuée », je suis sûre que c'est bien ce qu'ils pensent parfois.

Et je le comprends, parce que certaines personnes sont dégoûtées à la simple idée de pardonner. Cela peut ressembler à une trahison. Je pense au contraire que c'est un acte de liberté.

Le pardon
ou *la douche du cœur*

Abordons notre seconde métaphore. Chacun sait que l'un des facteurs ayant le plus contribué au recul des maladies, au cours des derniers siècles, c'est tout simplement le développement de l'hygiène. Aujourd'hui encore, les fameuses épidémies de gastro – qu'on connaît pratiquement chaque année en France alors qu'elles sont absentes d'autres pays – sont essentiellement dues à une hygiène insuffisante. Des progrès considérables ont cependant été faits en ce domaine depuis un siècle. J'en veux pour preuve cette émission sur laquelle je suis tombé un soir par hasard (*Des racines et des ailes*, me semble-t-il), consacrée aux palaces. Un grand nombre de ces magnifiques hôtels, édifiés au XIXe ou au début du XXe siècle dans des cadres exceptionnels, réservés à une clientèle extrêmement aisée, présentaient à l'époque de leur construction une particularité qui m'a stupéfait. Figurez-vous qu'ils ne possédaient qu'une seule salle de

© Groupe Eyrolles

bains... par étage ! Oui, vous avez bien lu, une salle de bains par étage, et non par chambre. Pourquoi ? Tout simplement parce qu'à cette époque, l'hygiène physique en était là : un bain très occasionnel suffisait amplement, et l'usage de la douche était encore inconnu. Par contraste, aujourd'hui même l'hôtel le meilleur marché comprend au minimum une cabine douche rudimentaire dans chaque chambre. De nos jours, tout le monde trouve normal de se laver quotidiennement : personne n'a envie d'incommoder autrui avec ses émanations corporelles, vaguement masquées par des parfums comme autrefois.

> **" *Le pardon est la douche du cœur. Il peut littéralement laver notre cœur des émotions déplaisantes accumulées dans la journée, et ainsi éviter leur accumulation et leur cristallisation progressive en nous.* "**

Par comparaison, qu'en est-il de notre hygiène émotionnelle, cette fois ?

Faute d'avoir été éduqués dans ce domaine, la plupart d'entre nous ont un cœur encombré de vieilles émotions malodorantes ou – autre image – ont accumulé une couche importante de « cholestérol émotionnel » qui leur tapisse les artères et fait obstacle à l'écoulement libre et fluide de tout leur amour. Bien sûr, nous avons appris à donner le change, à faire bonne figure, à cacher sous une attitude composée les émotions douloureuses qui nous habitent et dont nous ne savons trop comment nous défaire, mais elles transpirent malgré tout, comme nous le constatons clairement chez les autres.

Le pardon est justement la douche du cœur. Des méthodes simples comme le Don du Pardon (voir p. 116) ou Ho'oponopono (voir p. 98), pratiquées régulièrement le soir avant de s'endormir, peuvent littéralement laver notre cœur des émotions déplaisantes accumulées dans la journée, et ainsi éviter leur accumulation et leur cristallisation progressive en nous. Ceux qui en prennent l'habitude finissent même par constater une transformation de la nature de leurs rêves. Au lieu que le sommeil paradoxal serve d'éboueur nocturne, chargé d'évacuer tant bien que mal

© Groupe Eyrolles

tous les déchets émotionnels accumulés dans la journée, la « toilette émotionnelle » effectuée consciemment au coucher permet de s'endormir le cœur léger et, délestée de fardeaux inutiles, l'âme du dormeur s'élève ensuite vers des régions plus lumineuses et en revient au matin avec des rêves d'une autre qualité.

Cette hygiène émotionnelle, cette douche du cœur, présente un autre avantage. Elle représente une forme d'entraînement quotidien, grâce auquel j'accrois progressivement ma capacité à gérer les émotions difficiles ou douloureuses qui peuvent se présenter dans ma vie. Si chaque jour je m'efforce de laver mon cœur des petits dépôts émotionnels qui risquent d'en réduire le débit d'amour naturel, j'acquiers ainsi un savoir-faire qui, si une telle chose devait arriver, me permettra de pouvoir faire face à des épreuves plus importantes. Le cœur (ou le corps émotionnel) peut s'entraîner comme le corps physique : comme lui, il peut devenir plus résistant, plus souple, plus puissant.

Petite parenthèse : une éducation idéale devrait consacrer autant de temps à nos facultés mentales, émotionnelles et physiques, au lieu de se concentrer exclusivement sur le développement de l'intellect ; le corps n'ayant droit qu'à quelques heures d'éducation physique et le cœur étant totalement négligé. On éviterait ainsi de former des enfants au mental hypertrophié, mais qui d'une part ignorent tout d'une alimentation saine et de la préservation d'un corps sain, et d'autre part ne savent pas comment cultiver des relations harmonieuses avec eux-mêmes ni avec les autres. Un vrai projet éducatif, aujourd'hui, devrait viser à combattre l'analphabétisme émotionnel, relationnel et sanitaire qui fait des ravages tout au long de la vie, au niveau individuel et collectif.

En attendant que se réalise ce rêve pédagogique, apprendre soi-même à prendre cette douche du cœur, à laisser l'eau du pardon nous laver de tout ce qui pourrait l'encrasser, et enseigner cela aussi à nos enfants, comme à se brosser les dents, c'est adopter une hygiène émotionnelle qui est la meilleure des préventions contre la perte progressive de notre pleine capacité à aimer.

© Groupe Eyrolles

Certains d'entre vous font peut-être chaque semaine de la « cardio » dans des centres de remise en forme : vous stimulez ainsi votre cœur physique pour le maintenir en forme au fil des ans. C'est une saine habitude qui peut agréablement se doubler d'un équivalent pour le cœur émotionnel, d'une « cardio affective » qui entretiendra votre capacité à garder un cœur aimant, malgré les blessures émotionnelles que la vie parfois vous réserve.

La métaphore du pardon vu comme une douche du cœur apporte une autre composante intéressante à cette redéfinition du pardon que nous entreprenons ici : celle de la répétition, de la régularité. Imaginez quelqu'un qui dirait : « Ça y est ! J'ai pris ma douche pour 2015 ! ». Curieuse conception de la propreté physique !, vous diriez-vous sans doute. Eh bien pour la douche du cœur, c'est pareil. Une seule – aussi puissante et bénéfique soit-elle, comme le disent certains au terme d'un Cercle de Pardon ou d'une séance d'Ho'oponopono – ne suffit pas. Parce que chaque semaine, sinon chaque jour, apporte son lot de poussière ou de « saletés » émotionnelles, au cours de nos interactions les uns avec les autres, à moins de vivre seul(e), coupé(e) du monde (et encore !). L'hyper-réactivité émotionnelle de beaucoup de gens, en particulier dans les grandes villes, où un rien déclenche parfois un mouvement d'humeur, un coup de klaxon ou une remarque disproportionnée, est le symptôme d'une longue accumulation d'émotions négatives, de colères, de frustrations, de vexations, qu'une broutille suffit parfois à rallumer comme des braises. Une pratique régulière du pardon peut vous aider à vidanger ce trop-plein émotionnel, dans un premier temps, puis vous éviter une nouvelle accumulation, par une simple hygiène quotidienne du cœur.

Témoignage de Véronique

« J'ai participé à un atelier Don du Pardon à Toulouse. Comme je le disais à la fin : wow ! Ce fut pour moi une révélation, une prise de conscience de mes croyances erronées sur le pardon. Je croyais ne pouvoir pardonner aux personnes qui m'ont maltraitée qu'à partir du moment où elles reconnaîtraient leurs actes. J'ai pris conscience que cette croyance entretenait mes blessures.

© Groupe Eyrolles

J'ai pu faire la distinction entre pardonner et cautionner. L'atelier a permis que cette conscience ne soit plus intellectuelle, mais bien de cœur.

J'ai aussi réalisé que je ne me pardonnais pas grand-chose, que celle à qui je "devais" avant tout demander pardon, c'était moi. J'ai pu voir et vivre les résistances à recevoir, les résistances de l'ego qui aime et se nourrit de la position de victime.

Je garde de cet atelier la douche de lumière qui est devenue une pratique régulière, énergisante et purifiante. »

Le pardon
ou *la résurrection de l'amour*

Une troisième métaphore m'est chère pour parler du pardon : la résurrection de l'amour. Il arrive en effet qu'à la suite d'un événement tragique – une trahison, un deuil, une violente rupture amoureuse, voire de la maltraitance – quelque chose s'éteigne et meure en nous. Nous sommes tellement blessés, meurtris, qu'une voix intérieure crie « Plus jamais ça ! » Notre source intérieure se ferme, s'assèche et tarit. Je n'aimerai plus jamais. Je ne veux plus aimer. C'est trop douloureux. Du coup, notre cœur s'assèche. Notre jardin intérieur se transforme en désert. La vie perd toute saveur, nous n'avons plus goût à rien. Cette traversée du désert, la plupart des récits de grands témoins du pardon l'évoquent. Pire qu'un désert, c'est parfois une véritable banquise intérieure : la haine a tout glacé, figé, mortifié. Un désert de glace.

Alors, lorsque la personne parvient un jour à faire œuvre de pardon, ce à quoi l'on assiste s'apparente à une véritable renaissance, à une résurrection de cet amour qui était mort. L'individu reprend vie, son cœur se

© Groupe Eyrolles

remet à aimer : cet amour qui était mort est né à nouveau. À noter, d'ailleurs : cet amour qui a connu la nuit noire de l'âme, la traversée du désert, possède une qualité unique, différente d'avant. Il a passé l'épreuve du feu. Il est rené de ses cendres, comme le phénix. « L'amour est plus fort que la mort » : voilà ce qu'illustre ici le pardon, sous sa forme la plus élevée et la plus difficile.

Envisagées de manière symbolique, c'est au fond ce qu'enseignent la vie, la mort et la résurrection du Christ, telles que les relatent les évangiles : l'amour triomphe de la mort. Loin de tous les débats historiques ou théologiques auxquels a donné lieu la vie de Jésus, l'impact que celle-ci a eu sur les cinq continents depuis plus de deux millénaires illustre à lui seul la réalité et la puissance de ce message d'amour et de pardon, que l'on soit chrétien ou non.

Pour celles et ceux d'entre vous qui seraient encore dans la nuit noire, dans le désert du cœur, pour vous qui croyez peut-être l'amour mort à jamais dans votre vie, cette troisième métaphore laisse entrevoir la possibilité réelle d'une renaissance. La source tarie peut couler à nouveau. Le désert peut refleurir. La glace fondre.

> **" Lorsque la personne parvient un jour à faire œuvre de pardon, ce à quoi l'on assiste s'apparente à une véritable renaissance, à une résurrection de cet amour qui était mort. L'individu reprend vie, son cœur se remet à aimer. Cet amour qui était mort est né à nouveau. "**

Là aussi, les récits amassés au fil des ans par le Forgiveness Project montrent que des gens de tous milieux, tous âges et toutes confessions sont parvenus à vivre une telle résurrection du cœur, par l'alchimie du pardon. Il ne s'agit pas de personnages historiques, ni de prophètes des temps passés : ce sont des personnes comme vous et moi, des gens ordinaires ayant vécu quelque chose sortant cruellement de l'ordinaire, et qui – d'une manière ou d'une autre – ont pu faire œuvre de pardon. L'une d'entre elles, dont la fille de 16 ans a été assassinée à une soirée par une fille du même âge,

© Groupe Eyrolles

raconte d'ailleurs que lorsqu'elle est enfin parvenue à lui pardonner, elle a vécu une émotion de même nature et intensité… qu'au moment de donner naissance à sa propre fille ! Quelle plus belle illustration de cette renaissance qu'apporte le pardon ?

Témoignage de Mylène

« Quand l'idée de demander pardon à la Vie a été évoquée dans l'atelier Don du Pardon, parce que beaucoup d'entre nous lui en veulent, je me suis sentie bouleversée : oui, j'en voulais encore à la Vie depuis qu'elle avait pris son mari chéri à l'une de mes amies !

Je disais "oui à la vie" mais c'était un "oui mais". J'utilisais ce que la Vie lui avait présenté comme épreuve pour refuser d'aimer : à quoi bon aimer si on nous retire l'être qu'on aime ? À quoi bon être en lien interne très fort avec un homme qui, soit n'éprouve pas le même amour (déception amoureuse pas digérée), soit va mourir ? Je ne voulais plus aimer !

Il se trouve que l'amie en question était présente à ce cercle. Plus tard, c'est la première personne à qui j'ai fait ma demande de pardon ! Je lui ai intérieurement demandé pardon d'avoir utilisé son deuil pour cultiver ma colère envers la Vie…

J'ai beaucoup pleuré tout au long de cet atelier, parce que les premières paroles ont déclenché cette prise de conscience, et j'ai vu combien j'étais prisonnière de cette rancune tenace, combien ça me portait préjudice, à moi, et à moi seule (fatigue, dépression, etc.).

Il y a environ deux mois, j'ai senti mon cœur à nouveau ouvert : ça a été progressif sur toute l'année, mais là j'ai ressenti une vraie joie, un vrai bonheur devant celui d'une de mes filles. Depuis des mois et même des années, j'étais contente, intellectuellement, mais pas heureuse dans le cœur. Je n'étais même plus capable de me réjouir réellement du bonheur de mes enfants. C'est revenu, et j'en suis très reconnaissante. »

© Groupe Eyrolles

Jugement et pardon

Une autre piste intéressante à suivre, pour mieux comprendre et redéfinir ce qu'est le pardon, c'est de nous intéresser au lien entre pardon et jugement. Ce sont des réminiscences de mon éducation religieuse qui m'ont conduit à ces réflexions. Je raconte en effet dans mes ateliers que j'ai grandi dans l'Église catholique : j'ai été baptisé, je suis allé tous les dimanches à la messe jusqu'à l'âge de seize ans, j'ai fait ma première communion et ma confirmation. Ayant la chance d'avoir une bonne mémoire, je connais encore par cœur – trente-sept ans plus tard ! – des pans entiers de la liturgie catholique et de nombreux extraits de l'Ancien et du Nouveau Testament. C'est toutefois plus de vingt ou trente ans plus tard que je me suis rendu compte que je n'avais rien compris à bon nombre de ces textes, malgré tous les sermons entendus. J'avais le sentiment d'être passé à côté du sens profond de certaines de ces phrases. Par rapport au pardon, en particulier, qui n'a jamais lu ou entendu cette parole illustrissime de Jésus sur la croix : « Père, pardonne-leur, car ils ne savent pas ce qu'ils font » (Luc 23:4) ? Pour ma part, je l'avais entendue des dizaines et des dizaines de fois, au moins. Mais ce n'est qu'après avoir vécu ma propre expérience de pardon au Mexique que j'ai soudain été frappé par une évidence, en relisant cette citation. Jésus, qui pour un chrétien représente la deuxième personne de La Trinité, ne se met pourtant pas en position de pardonner lui-même ! Il ne dit pas : « Je vous pardonne, vous ne savez pas ce que vous faites ». Pourtant, ne le pourrait-il pas, en tant que Fils de Dieu ? Eh bien, non : il fait appel à plus grand que lui. « Père, pardonne-leur... ». Pourquoi ? La réponse se trouve peut-être dans cette autre phrase qu'il a prononcée : « Moi, je ne juge personne » (Jean 8:15). Si Jésus ne juge personne, il n'a personne non plus à qui pardonner. Il remet et le jugement et le pardon à plus grand que lui.

À mes yeux, cela souligne le lien étroit qui unit jugement et pardon, dont nous n'avons pas forcément une conscience claire. Si je me sens habilité à pardonner, c'est que je m'estime aussi en droit de juger. Je prends ici le terme « jugement » dans l'acception que je lui ai donnée dans *J'arrête*

© Groupe Eyrolles

de (me) juger[2], c'est-à-dire comme une attitude à trois niveaux superposés où l'observation d'un acte répréhensible (faits objectifs) se double d'émotions négatives (haine, rage) et s'accompagne de scénarisation, de projections mentales et de suppositions diverses (interprétation subjective). Si je pense pouvoir éventuellement octroyer mon pardon à autrui, c'est que je l'ai tout d'abord jugé, au sens ci-dessus : je ne me suis pas contenté de constater quels actes il a commis, je l'ai aussi « exécuté » dans mon for intérieur, c'est-à-dire rejeté, exclu, haï. Dans les cas les plus graves, j'ai peut-être même souhaité sa mort ou les pires souffrances pour lui. Alors, ce pardon que je crois pouvoir accorder à l'autre, si j'observe bien ce qui se passe en réalité en moi, n'est-il pas plutôt le terme que je mets à ma propre haine, l'abandon que je fais de ces accusations qui me clouaient au sol, comme un fardeau de trois tonnes dont je m'étais chargé ?

Une mise en garde s'impose tout de suite, sur laquelle nous reviendrons en abordant les obstacles au pardon : cesser de juger, ce n'est pas tomber dans le non-discernement, ce n'est pas devenir stupide, tout accepter, tout cautionner, tout excuser. C'est simplement arrêter de haïr. On peut voir objectivement le mal qui nous a été fait, on peut conjointement s'accorder tout l'espace nécessaire à l'expression de sa peine, sa douleur et sa souffrance… sans pour autant laisser se mettre en place la mécanique du désir de vengeance, de l'envie de faire souffrir à son tour, sans non plus laisser son cœur secréter ce poison mortel pour soi-même que sont le ressentiment, la rancune et la haine brute.

> **"** *Il existe un lien étroit entre jugement et pardon. Si je me sens habilité à pardonner, c'est que je m'estime aussi en droit de juger.* **"**

Il y a une dimension de lâcher-prise dans le pardon, quand celui-ci est avant tout l'abandon du jugement qui nous détruit et de la rage qui nous consume, quand il s'accompagne d'une remise en question de la posture de supériorité du haut de laquelle on s'estimait en droit de juger

---

2   Olivier Clerc, *J'arrête de (me) juger*, Eyrolles, 2013.

© Groupe Eyrolles

l'autre sans appel et de prononcer son exécution. Au jugement succède alors l'humilité, dont la racine renvoie à humus, la terre, et à humain : je descends de la tour d'ivoire de mon juge intérieur, je pose mon fardeau d'accusations à terre, au sol, je remets jugement juste et pardon authentique à plus grand que moi, au Ciel et à la Terre. Et dans cette mise à terre, au propre et au figuré, je trouve le moyen de décharger ces millions de volts de haine qui menaçaient de me détruire, moi.

C'est pour favoriser ce surprenant renversement de posture, ce passage du jugement au pardon, que le rituel que j'ai reçu de Miguel Ruiz consiste prioritairement à apprendre à demander pardon, aussi paradoxal que cela puisse paraître à celui qui a souffert et qui s'estimerait plutôt en droit de recevoir une demande en pardon. La clé de ce paradoxe (voir p. 116), c'est qu'on ne demande pas pardon pour ce que l'autre personne nous a fait, bien entendu, car elle seule en porte la responsabilité. On demande pardon pour sa propre haine, pour la façon dont on a peut-être utilisé les torts de l'autre pour alimenter trop longtemps notre ressentiment et empêcher ainsi nos plaies de cicatriser. On demande pardon pour se libérer soi-même ! Pour ne plus laisser à l'autre le pouvoir de dicter notre état intérieur. Pour reprendre notre propre pouvoir et notre part de responsabilité. D'où cet autre paradoxe que le pardon est une vertu qui semble disparaître en l'exerçant : en demandant intérieurement pardon, en abandonnant mes jugements, en arrêtant de haïr... c'est le besoin même de pardonner qui semble disparaître avec ! Qui suis-je pour juger ? Et par conséquent qui suis-je pour pardonner ?

Par ignorance, par manque d'éducation – et je ne juge personne en disant cela, c'est juste là où nous sommes actuellement en tant que société – nous devenons souvent nos pires bourreaux, à notre insu. À la suite du mal que nous avons réellement subi, notre cœur et notre mental inconscients et non éclairés nous enferment dans un cocon intérieur cauchemardesque, tissé de nos propres pensées et sentiments qui – partant de méfaits bien réels – ne font que les amplifier, les aggraver et les faire perdurer. Parvenir à conscientiser cet automatisme, à voir comment nous fonctionnons aux niveaux affectif et intellectuel, puis à inverser la vapeur, à cesser ce tissage infernal pour retrouver la liberté

© Groupe Eyrolles

intérieure et la lumière, c'est ce que permet un travail conscient sur le non-jugement et le pardon.

Il n'y a nulle obligation à rester dans la froide obscurité de son cocon de haine, à attendre passivement qu'un miracle vienne le déchirer et nous redonne accès au grand jour et à la chaleur du soleil. Nous pouvons agir nous-mêmes de l'intérieur. Nous pouvons arrêter consciemment ce que nous faisions à notre insu jusque-là. Et sitôt qu'il cesse d'être alimenté par nos propres pensées et sentiments, le cocon se fissure, se ramollit et finit par tomber en morceaux. Atteindre le pardon, dans cette optique-là, c'est mettre fin au processus de jugement dont l'incessant tissage nous avait coupés de la lumière de l'amour.

Vous l'aurez sans doute constaté, c'est encore un autre éclairage, une autre manière d'élargir notre compréhension du pardon qu'apporte cette prise en compte du lien entre jugement et pardon. Il s'agit moins ici de faire que de défaire. Il n'y a pas à attendre passivement un salut extérieur, il est possible de s'employer activement à démonter soi-même les barreaux de la prison qu'on s'est construite sans le savoir.

> *Il n'y a nulle obligation à rester dans la froide obscurité de son cocon de haine, à attendre passivement qu'un miracle vienne le déchirer et nous redonne accès au grand jour et à la chaleur du soleil. Nous pouvons agir nous-mêmes de l'intérieur.*

L'incapacité à pardonner, à laquelle nous sommes si nombreux à être ou à avoir été confrontés un jour, s'éclaire ici d'un jour nouveau. En effet, je ne peux pas pardonner si toute mon énergie est consacrée à juger, à détester, à haïr, à être animé d'intentions morbides. Ce serait comme vouloir accélérer, alors que j'ai l'autre pied écrasé sur la pédale du frein. Ce serait vouloir cicatriser une plaie tout en la cultivant constamment, en l'exhibant chaque jour aux yeux de tous, en écartant bien les chairs pour montrer combien elle était profonde et les dégâts qu'elle a occasionnés. Levez le pied du frein ! Laissez vos plaies tranquilles et le corps les guérira tout seul. Arrêtez de juger, arrêtez de secréter le pus de la haine et vos plaies cicatriseront d'elles-mêmes. Il y a des méthodes

© Groupe Eyrolles

pour cela, des outils que vous pouvez mettre en œuvre. Pas besoin de les réinventer. Pas besoin non plus de vous morfondre dans votre coin ni d'attendre que la grâce veuille bien vous visiter un jour.

Ce sont essentiellement l'ignorance et l'inconscience de la manière dont nous fonctionnons, par imitation de l'exemple d'autrui dès notre jeune âge, qui nous conduisent à nous retrouver dans des situations douloureuses, avec ces blessures du cœur qui nous font tant souffrir. Et nous ne savons pas comment sortir de ces situations, puisque nous n'avons pas clairement conscience de la façon dont nous nous y sommes enfermés au départ. La bonne nouvelle, c'est que le pardon s'apprend. Oui, redisons-le : le pardon s'apprend. On peut acquérir et les connaissances et la conscience nécessaires à défaire ce que l'on a fait par mégarde. On peut rééduquer sa tête et son cœur pour que, d'ennemis inconscients qu'ils sont trop souvent, ils deviennent de véritables alliés conscients. Personne ne dit que c'est facile, ni que cela se fait du jour au lendemain, mais c'est possible. Et le seul fait que cette possibilité existe, que cet espoir soit là, représente déjà beaucoup pour tous ceux d'entre nous qui se croyaient voués à passer le restant de leurs jours dans le malheur, avec un cœur desséché et incapable d'aimer à nouveau.

Témoignage de Dominique

« Le Cercle de Pardon lui-même est un moment extraordinaire. Se mettre face à chaque personne, la regarder dans les yeux et lui demander pardon alors qu'on ne la connaît même pas, quel effet intérieur très fort ! Étrange comme certaines personnes réveillaient en moi-même tellement d'émotion. Étrange comme cette demande de pardon se colore différemment face à chaque personne. Très étrange !

En revenant de ce week-end, j'ai voulu repasser mentalement devant chaque personne pour conscientiser à qui ou à quoi je demandais pardon. Comprendre ce que chaque personne réveillait en moi quand je lui demandais pardon. Je m'attendais à ce

© Groupe Eyrolles

que me viennent à l'esprit des personnes bien précises à qui je voulais peut-être demander pardon. Mais ce n'est pas du tout ce qui s'est passé. En faisant cet exercice, je me suis rendu compte que chaque personne jouait un rôle de miroir par rapport à moi-même. Chaque personne me renvoyait un aspect différent, une des nuances d'aspects de ma propre personne. J'ai donc pris conscience à quel point en fait je me juge moi-même ! Ce fut révélateur.

Je me suis donc sentie invitée à peu à peu accepter ces différents aspects de moi-même et à arrêter de me juger tant. Il est temps que je prenne la peine de m'aimer, de m'accepter dans toutes mes facettes, quelles qu'en soient les couleurs, d'arrêter de me juger...

Ce qui me marque surtout, depuis, c'est cette notion d'accepter, et donc d'arrêter de vouloir être parfaite (c'est quoi d'ailleurs être parfait ? Intrinsèquement nous le sommes tous !). C'est un point qui a été soulevé pendant le week-end, mais qui me saute encore plus aux yeux, suite à ce que j'ai vécu.

J'ai l'impression qu'il y a un grand chemin de conscientisation qui se fait chez moi, plus rapidement qu'avant, et ce stage Don du Pardon est l'une des étapes importantes qui a favorisé cela. »

....

Pardonner et *demander pardon*

Lorsque j'ai dû déclarer mon livre *Le Don du Pardon*[3] à l'association suisse d'écrivains dont je dépends, j'ai découvert avec surprise qu'il existait une autre œuvre du même nom : une pièce de théâtre en cinq actes, ni publiée ni jouée à ce jour, d'un certain Bertrand Hourcade, un enseignant français résidant en Suisse. Je suis donc entré en contact avec lui et nous nous

---

3 *Op. cit.*

© Groupe Eyrolles

sommes cordialement échangé nos œuvres respectives. Sa pièce de théâtre m'a appris des choses très intéressantes. Elle met en scène le pape Jean-Paul II et son entourage, au Vatican, au moment où il est victime de cette tentative d'assassinat perpétrée par un jeune Turc, qui faillit lui coûter la vie. Dès qu'il reprend connaissance, Jean-Paul II va aussitôt accorder son pardon à son quasi-assassin, avec lequel il va entretenir des échanges épistolaires durant un temps. Dans les années qui suivent – comme je l'ai découvert grâce à cette pièce de théâtre – ce pape sera celui qui va effectuer le plus grand nombre de demandes en pardon, au nom de l'institution qu'il représente, l'Église catholique. Je ne connaissais qu'une ou deux d'entre elles, parmi les plus médiatisées (notamment par rapport aux Juifs ou à l'Inquisition), mais la liste totale est impressionnante.

> *Si vous n'arrivez pas à ouvrir la porte « pardonner », parce que votre cœur s'y refuse, parce que quelque chose en vous résiste et vous en empêche, vous pouvez peut-être atteindre le même espace en passant par la porte opposée, la porte « demander pardon ».*

La vie de Jean-Paul II illustre à grande échelle ce que vous pouvez vous aussi vérifier : ce lien très étroit qui unit pardonner et demander pardon. Un lien tellement étroit, à vrai dire, qu'on peut aussi bien considérer ces deux verbes comme les faces d'une seule et même pièce de monnaie, ou comme les deux portes donnant accès au même espace sacré du pardon.

Quelle conclusion utile peut-on tirer de cette constatation ?

Si vous n'arrivez pas à ouvrir la porte « pardonner », si elle reste fermée malgré vos efforts et les coups que vous y frappez, parce que votre cœur s'y refuse, parce que quelque chose en vous résiste et vous en empêche, vous pouvez peut-être atteindre le même espace en passant par la porte située à l'extrémité inverse, la porte « demander pardon ».

Comment cela ?

© Groupe Eyrolles

Quand je n'arrive pas à « par-donner », quelque chose en moi « garde » rancune. Mon mental bloque mon cœur. Il l'assèche, le refroidit et le durcit. Ce faisant, c'est au mieux l'indifférence qui m'habite, une absence de sentiments et d'émotions qui fait ressembler ma vie à un désert, où plus rien n'a d'intérêt, de goût, de saveur. Au pire, c'est la haine que distille mon cœur, l'envie de rendre le mal qu'on m'a fait. Dans cet état, je suis moi-même coupé de l'amour, coupé de la vie, coupé des autres. Mon cœur est un : il suffit d'une seule relation haineuse, pour que celle-ci contamine toutes les autres, y compris les personnes qui me sont le plus chères.

La sortie inattendue de cette impasse apparente, c'est de demander pardon moi-même. Pourquoi ? Et à qui ? Je peux demander pardon à l'Amour avec un grand « A » de m'être coupé de lui, de cette source qui donne vie à tout être et toute chose, moi inclus. Si je m'en sens capable, je peux aussi demander pardon à celui qui m'a fait du mal, non pas pour ce qu'il m'a fait, dont il est seul responsable, mais pour la manière dont je l'ai longtemps identifié à ses actes négatifs, dont je l'ai réduit à l'ombre de lui-même, et dont je me suis servi de lui pour cultiver mes propres sentiments négatifs.

Apprendre à demander pardon est une pratique qu'on retrouve dans le judaïsme, par exemple, mais aussi dans la méthode Ho'oponopono, tout comme dans le Don du Pardon que je transmets. Il a pour effet surprenant d'ouvrir soudain une brèche en soi, parce qu'il change l'orientation de notre regard et de nos efforts. Je ne regarde plus en bas, du haut de mes jugements, vers celui qui a fauté contre moi. Je me tourne vers le haut, vers l'Amour, vers la Vie, vers le divin pour ceux qui sont croyants, et je fais acte d'humilité : je lâche prise, je m'abandonne à nouveau à cette énergie dont je me suis coupé, et dont la pénurie m'affecte moi le premier. Du coup, le contact se rétablit : je me sens à nouveau relié à plus grand que moi, à nouveau traversé par cette énergie d'amour.

Ce renversement paradoxal de posture, qu'il faut vivre soi-même pour en mesurer la puissance et la simplicité, libère quelque chose de coincé en nous, il court-circuite les obstacles mentaux au pardon, d'une manière qui nous surprend nous-mêmes.

© Groupe Eyrolles

Quand je gardais rancune, j'étais noué, bloqué, fermé, plus rien ne circulait en moi, et je me privais moi-même du courant vital. Sitôt que je m'ouvre à ce don, à ce « par-don », la vie et l'amour se remettent à circuler, tout reprend vie. Et cette ouverture vers le haut que permet la demande en pardon que j'exprime, ouvre à son tour l'autre porte vers le bas, vers celles et ceux à qui je ne parvenais pas à pardonner auparavant. En ouvrant mon cœur d'un côté, je l'ai ouvert du même coup de l'autre : la métaphore est d'autant plus parlante que le cœur physique ne peut donner, c'est-à-dire propulser du sang dans tout l'organisme, que pour autant qu'il en reçoive de l'autre côté. S'il ne donne plus rien, il ne reçoit plus rien non plus. Et s'il se coupe de la réception, il n'a plus rien à donner.

Il en va de même de l'amour, et aussi du pardon qui est l'amour ressuscité. Si je bloque mon amour, je n'en reçois plus. Si je n'arrive pas à offrir mon pardon, je me prive du même coup de celui que je pourrais recevoir moi-même. À l'heure où le *channeling* est très en vogue, on oublie parfois cette vérité élémentaire que nous sommes tous des canaux : nous ne produisons pas de l'amour, nous le laissons (ou non) nous traverser, nous donner vie à nous-mêmes, avant d'aller faire du bien à d'autres. Nous sommes récepteurs et émetteurs. Sachant cela, vous pouvez œuvrer dans les deux sens et, si ça coince d'un côté, essayer de l'autre. Aimez pour être aimés. Demandez pardon pour arriver à pardonner. Ou encore, comme le faisait Daniel Pennac avec les cancres dont il s'occupait, enseignez aux autres pour arriver à comprendre vous-même[4]. Pour rétablir la communication, la circulation dans les deux sens.

---

4 Daniel Pennac, *Chagrin d'école*, Gallimard, 2007.

© Groupe Eyrolles

« Ma première expérience du Don du Pardon s'est faite à la suite d'une conférence au café de l'Amour à Paris. J'étais alors en conflit avec une personne, dans un contexte professionnel. Je conservais à son endroit une forme d'amertume et de rancœur tout en aspirant à lâcher prise et à tourner la page. C'est dans ce contexte que j'allais à la conférence, et que je reçus la proposition d'aller au-delà du pardon à celui qui nous a offensés, pour lui demander moi-même pardon.

Ma première réaction fut le rejet : "Déjà c'est l'autre qui déconne et me blesse, et en plus ce serait à moi de lui demander pardon ? Un peu fort de café ! Et puis quoi encore ? Que je lui dise merci… ?" Oui, comme nous le verrons plus loin.

Toutefois, j'accueillais cette proposition de demander pardon et la laissais mijoter, en contemplation. Et je me mis doucement à pratiquer. Pour voir… Chaque fois que la forme-pensée de la personne se manifestait chargée émotionnellement, je lui demandais pardon. Un déclic se produisit.

En demandant pardon à cette forme, je cessais d'être en guerre contre elle. Je cessais de projeter de la négativité sur elle et donc d'en nourrir en moi. Au contraire, je réintégrais en moi cette forme. Plus précisément, je réintégrais ma projection sur cette forme. C'est comme s'il y avait deux formes superposées :

- la personne concernée, réelle ;

- et au-dessus ma projection sur elle.

En demandant pardon, je réintégrais ma projection. C'est assez subtil et difficile à rendre compte avec des mots. Je ne puis qu'inviter chacun à faire sa propre expérience. Pour ma part, je réalisais qu'en demandant pardon à cette forme, je demandais pardon pour cette haine, cette colère, toute cette négativité que je projetais sur elle. Et dont j'étais la première victime, en la sécrétant en moi.

C'est ainsi qu'à force de demander pardon à cette forme, la charge que je projetais sur elle se dissolvait progressivement. Je réintégrai cette forme dans mon cœur, comme pure énergie. »

....

© Groupe Eyrolles

Pardon et *humilité*

Ajoutons enfin qu'il n'y a pas de vrai pardon sans humilité. Le pardon qu'on déverse sur autrui, qu'on lui octroie par magnanimité (sinon condescendance), n'est pas un vrai pardon. C'est de l'orgueil déguisé. Il émane de l'intellect et non du cœur. La blessure émotionnelle est masquée, elle n'est pas guérie.

Le remède à ce pardon-orgueil, faussement thérapeutique, c'est le pardon-humilité que permet justement de développer la capacité à demander soi-même pardon, du fond du cœur, dans une forme d'abandon total et de lâcher-prise. Cette humilité-là, ce rapport d'égalité entre soi-même et les autres, c'est ce qu'apportent notamment les Cercles de Pardon, dans lesquels ces demandes en pardon s'échangent entre tous les participants, les yeux dans les yeux, ou la pratique d'Ho'oponopono en groupe. Le pardon n'est plus une abstraction. Ce n'est pas davantage quelque chose qu'on négocie intérieurement avec sa conscience ou son Créateur. C'est un acte très concret, éminemment personnel et transpersonnel à la fois, qui vous renvoie à votre propre humanité et à celle de chaque personne en face de vous, qui ne formez ensemble qu'une seule et même humanité.

> **❝** *La magie qu'il y a à demander pardon soi-même tient à l'humilité qu'elle permet de retrouver, en l'absence de laquelle nous nous coupons nous-mêmes du flot de la vie, de l'amour, de la joie et du pardon.* **❞**

Le rapport d'horizontalité qui s'installe alors entre les uns et les autres, et cet échange qui se fait dans un sens et dans l'autre, rouvrent ce qui s'était fermé et verrouillé de l'intérieur. Très concrètement, d'ailleurs, puisque ce lâcher-prise se traduit souvent par une libération à la fois émotionnelle (larmes) et physique (détente musculaire profonde).

© Groupe Eyrolles

Toutes les tensions du corps et du cœur peuvent enfin céder, y compris les crispations intellectuelles qui les accompagnent. La fluidité est restaurée à tous les étages.

La magie qu'il y a à apprendre à demander pardon soi-même tient donc en grande partie à l'humilité qu'elle permet de retrouver, en l'absence de laquelle nous nous coupons nous-mêmes du flot de la vie, de l'amour, de la joie et du pardon. Pour emprunter une dernière métaphore au *Chevalier à l'armure rouillée*[5], demander pardon revient à laisser tomber cette vieille armure rouillée dont chaque morceau correspond à la cristallisation de vieux jugements, de vieilles peurs et émotions négatives. Une armure protège, c'est vrai, mais sa protection contre les coups nous prive du même coup de toute la douceur du vent et des caresses. Si vous avez fermé votre cœur, il ne sera peut-être plus blessé, mais il ne connaîtra plus de joie non plus. Sans compter que vous risquez de faire du mal à votre tour à ceux qui vous entourent, avec vos mains recouvertes de cottes de mailles. « Tomber son armure », voilà la dernière image que je vous propose pour imaginer la libération que connaît celle ou celui qui parvient à faire œuvre de pardon, en sachant à la fois demander pardon et se laisser traverser par ce pardon, pour pardonner à son tour.

© Groupe Eyrolles

---

5 Robert Fischer, *Le chevalier à l'armure rouillée*, Ambre, 2005.

Partie 2

Les principaux obstacles au pardon et comment les surmonter

© Groupe Eyrolles

Pour définir un concept, il est souvent aussi nécessaire de préciser ce qu'il n'est pas, que de décrire ce qu'il est effectivement. Pourquoi ? Parce qu'on délimite de manière beaucoup plus claire où sont les frontières à ne pas dépasser de la notion ainsi définie. Dire ce qu'une chose n'est pas, si vous voulez, c'est un peu comme poser des barrières tout autour de ce qu'elle est. Ici, c'est chez moi ; mais si vous dépassez cette bordure, vous n'êtes plus sur mon territoire, vous êtes chez l'un ou l'autre de mes voisins.

Pour circonscrire ce qu'est le pardon, tel que nous nous efforçons de le redéfinir dans ces pages, je vous propose d'aborder maintenant ce qu'il n'est pas, voire parfois ce qu'il n'est pas seulement, lorsqu'il fait l'objet de définitions trop restrictives. Ces conceptions confuses, erronées ou incomplètes de ce qu'est véritablement le pardon sont comme autant d'obstacles qui empêchent beaucoup d'entre nous de faire ne serait-ce que le tout premier pas sur le chemin de la guérison du cœur.

Seront également inclus dans cette partie, comme une autre catégorie d'obstacles au pardon, des comportements ou croyances – que la plupart d'entre nous cultivent machinalement ou inconsciemment – qui sont incompatibles avec la pratique du pardon, mais que vous pouvez apprendre à conscientiser et à changer.

Cette liste d'obstacles au pardon n'obéit pas à un ordre particulier. Je vous les livre tels qu'ils me sont apparus, au fil des ans.

© Groupe Eyrolles

Le pardon serait une pratique *exclusivement religieuse*

De toute évidence, ce premier obstacle ne concerne pas celles et ceux d'entre vous qui ont une pratique religieuse régulière incluant l'exercice du pardon, comme c'est le cas dans le christianisme, le judaïsme, l'islam et d'autres religions. Mais dans la société laïque qui est la nôtre aujourd'hui, de nombreuses personnes ne professent pas de religion, voire ne cultivent aucune forme de spiritualité, quand elles ne nient pas jusqu'à l'existence d'une telle dimension.

Aux yeux de certains croyants – comme me l'a affirmé une auditrice très croyante en direct lors d'une émission de radio en Guadeloupe – ces personnes-là ne peuvent pas connaître le pardon : pour des gens comme elle, en effet, le pardon vient exclusivement « d'en haut ». Par conséquent, si tel individu n'a pas de lien au divin, il ne peut pas être touché par la grâce du pardon.

De leur côté, certains athées considèrent eux-mêmes que le pardon n'est pas pour eux, que c'est une pratique réservée à ceux qui adhèrent à telle ou telle religion. Ils n'en voient pas l'utilité, voire la considèrent avec une certaine condescendance, comme relevant d'une crédulité incompatible avec la modernité. D'autres, en revanche, ont la vague impression que le pardon pourrait peut-être les aider, les libérer, les guérir, mais puisqu'ils voient en lui une pratique purement religieuse, ils s'imaginent que ça ne « marche pas » pour eux et cherchent ailleurs, autrement, divers substituts ayant le même effet libérateur... qu'ils peinent à trouver.

Qu'en est-il, en réalité ?

En réalité, justement, le pardon est accessible à toute personne, qu'elle soit religieuse ou non, spirituelle ou pas. Ce n'est pas de la spéculation,

© Groupe Eyrolles

ni une conviction personnelle que j'avance ici. Je m'appuie sur le vécu de milliers de personnes venues participer un jour à un atelier non confessionnel sur le pardon, comme il en existe. Certaines d'entre elles, bien qu'ayant fait l'effort de venir, doutent sérieusement pouvoir ne serait-ce que toucher du bout des doigts ce pardon tant espéré. Du coup, elles sont les premières surprises à constater que c'est effectivement possible.

Si le pardon est la guérison des blessures du cœur, comme l'affirme la première métaphore de la partie précédente, alors cette guérison – comme celle des blessures physiques – est accessible à toute personne, indépendamment de ses croyances.

L'avantage bien réel que peut nous procurer l'adhésion à une religion ou une pratique spirituelle, c'est la capacité à nous tourner vers plus grand que soi, lorsque nous sommes confrontés à des épreuves et des souffrances. Si je crois en Dieu ou en telle réalité spirituelle, il m'est naturel de m'en remettre à plus grand que moi, autrement dit de lâcher prise, de m'abandonner à quelque chose qui dépasse ma compréhension, voire qui me dépasse totalement. Or, c'est précisément ce lâcher-prise, cette abdication du mental, de mes certitudes et revendications, qui ouvre ce qui s'était fermé en moi, qui me libère de mes jugements, de mes ressentiments et ma haine. Ce n'est pas tant l'intervention d'une puissance extérieure – une intercession divine – qui me donne accès à ce pardon, que ma propre ouverture, mon propre lâcher-prise qui permettent à nouveau à l'amour de rejaillir et circuler en moi. Alors oui, bien sûr, si « Dieu est amour » – comme le proclament maintes religions – ou si, comme j'aime à l'inverser parfois « l'amour est Dieu », quand le pardon m'ouvre à nouveau à l'amour, quand je suis à nouveau traversé par lui et qu'il emporte dans son courant tout le cholestérol émotionnel qui obstruait mes artères d'amour, je peux effectivement avoir le sentiment d'être touché par le divin, par la grâce. Sauf que c'est en moi-même

> **«** *Si le pardon est la guérison des blessures du cœur, alors cette guérison est accessible à toute personne, indépendamment de ses croyances.* **»**

© Groupe Eyrolles

que réside le pouvoir de m'ouvrir ou de me fermer, de m'arc-bouter sur mon bon droit ou de poser les armes et de m'abandonner à ce qui me dépasse.

Cette ouverture, cet abandon ou abdication, ce lâcher-prise sont tout autant accessibles à l'individu qui n'adhère à aucune religion ou spiritualité. Elles n'exigent de lui qu'un changement d'attitude intérieure, une capacité à se tourner vers un « plus-grand-que-soi » qui peut être simplement la Vie avec un grand « V », l'Amour avec un grand « A », le destin, l'ordre des choses, chacun appelle cela comme il veut. Il n'est pas indispensable d'être croyant pour constater que notre vie individuelle s'inscrit dans un ensemble plus vaste, dans un immense tissu de relations, tout un réseau de causes et d'effets qui ne manque pas d'impacter notre propre existence. Accepter cela, sortir de la toute-puissance et des ersatz que lui inventent certaines tendances du développement personnel, renoncer à vouloir tout contrôler, savoir quand plier sans rompre, c'est développer une attitude intérieure qui, au lieu de tout bloquer et de nous enfermer durablement dans la haine et l'envie de vengeance, peut au contraire favoriser la réouverture, l'acceptation, une capacité à composer avec humilité et intelligence avec les forces et les événements qui nous dépassent. Car le seul contrôle que l'on peut éventuellement préserver en toutes circonstances, c'est celui – à développer méthodiquement et patiemment – que l'on a sur sa propre vie intérieure, sur son état mental et émotionnel.

La grande difficulté que représente le pardon, pour beaucoup d'entre nous, c'est qu'il ne relève pas de la volonté, au sens où nous l'entendons habituellement, mais plutôt du lâcher-prise, de l'acceptation. Ce n'est pas notre polarité active qu'il met en jeu, notre capacité à nous affirmer, à agir, à mettre en œuvre telle ou telle de nos ressources. C'est bien davantage notre polarité réceptive : accepter, recevoir, intégrer, lâcher, s'abandonner. C'est en quelque sorte une dimension plus « féminine » de notre être... ce qui n'est sans doute pas étranger au fait que les ateliers et formations sur le pardon restent encore fréquentés à 75 % par des femmes ! Les hommes font d'autant plus facilement cette démarche à leur tour, qu'ils sont capables de contacter leur propre partie féminine et qu'ils se sont

© Groupe Eyrolles

libérés de l'illusion (trop répandue) que le lâcher-prise et l'acceptation seraient des signes de faiblesse, qu'il ne faut rien lâcher, tenir, se battre. Relisons la fable du chêne et du roseau pour mieux comprendre l'intelligence de l'acceptation, de l'adaptation et de la souplesse face à ce qui nous surpasse !

De nombreuses religions et voies spirituelles développent cette réceptivité chez ceux qui la pratiquent : une capacité à s'ouvrir et à s'abandonner à plus grand que soi. Cela ne signifie pas pour autant qu'elles soient les seuls moyens d'y parvenir. La pratique de certains arts martiaux (aïkido, tai-chi) ou de certains sports (surf, voile, danse) peut également conduire ceux qui s'y adonnent à mieux équilibrer leurs polarités active et réceptive, et ainsi à savoir quand la situation exige d'agir, de lutter, de tenir, de ne rien céder... et quand au contraire, la sagesse est d'accepter, de plier, d'accompagner, de s'ouvrir, de se laisser porter.

À travers ce premier obstacle au pardon – l'illusion que seule la religion peut y donner accès – notre compréhension de ce qu'il demande et provoque à l'intérieur de nous se clarifie du même coup. Le pardon apparaît moins ici comme quelque chose qui nous est octroyé de l'extérieur, de manière imprévisible, en fonction des desseins impénétrables de Dieu ou des aléas de la grâce divine, que comme un processus qui exige de notre part un acte d'ouverture, d'humilité, de lâcher-prise, d'acceptation. Autrement dit, lorsque le pardon que vous souhaitez recevoir ou donner ne se fait pas, ce n'est pas que le Ciel s'y refuse, en fonction de paramètres qui vous échappent : c'est le plus souvent que, par maladresse et ignorance, vous en bloquez vous-mêmes la manifestation. L'ouverture du cœur ne se fait pas, parce que l'intellect le ferme et le cadenasse à double tour. Nous y reviendrons en abordant d'autres obstacles au pardon : c'est en effet notre compréhension intellectuelle des

> *Lorsque le pardon que l'on souhaite recevoir ou donner ne se fait pas, ce n'est pas que le Ciel s'y refuse : c'est le plus souvent que nous en bloquons nous-mêmes la manifestation.*

© Groupe Eyrolles

choses – qu'elle soit partiale, partielle ou erronée – qui provoque la fermeture du cœur, dans une tentative louable mais maladroite de le protéger, de lui éviter davantage de souffrances et de blessures. *A contrario*, les petits enfants chez qui le mental est moins développé pardonnent plus facilement, étant moins sujets à des crispations intellectuelles que les adultes.

La bonne nouvelle, c'est que le pardon dépend finalement beaucoup plus de vous-mêmes que vous ne l'imaginez habituellement. Certes, il n'est pas facile pour certains d'entre nous de lâcher prise, de développer cette polarité réceptive qui facilite sa manifestation : mais cela s'apprend, et si vous voulez vous engager sur ce chemin, vous disposez aujourd'hui de plusieurs outils et méthodes pour vous accompagner.

La pratique d'une religion ou d'une voie spirituelle peut faciliter dans un grand nombre de cas l'exercice du pardon, c'est certain. En revanche, elle n'est nullement une condition *sine qua non* de sa mise en œuvre. Les dispositions intérieures particulières qui nous ouvrent au pardon peuvent aussi être développées *via* d'autres moyens, par tous ceux qui ne se revendiquent d'aucune filiation religieuse et spirituelle, qu'ils soient athées, agnostiques ou incroyants d'une manière ou d'une autre.

© Groupe Eyrolles

Méthode de pardon n° 1

Pardonner pour de bon : les neuf étapes du Dr Fred Luskin

Auteur de l'ouvrage *Pardonner pour de bon*[1], le Dr Fred Luskin est directeur des Stanford Forgiveness Projects à l'université de Stanford. Contrairement à d'autres approches du pardon, notamment celle de Colin Tipping (voir p. 78), celle de Luskin est totalement laïque et n'implique l'adhésion à aucune forme de croyances ou de convictions spirituelles ou religieuses. C'est en cela qu'elle me semble intéressante, car elle peut toucher aujourd'hui un large public qui ne se reconnaît dans aucune confession ou philosophie particulière.

Le Dr Luskin a mis au point un processus en neuf étapes pour parvenir au pardon, qu'il décrit ainsi sur son site internet[2] :

1 Sachez exactement quels sentiments éveille en vous ce qui vous est arrivé et décrivez précisément ce que vous jugez inacceptable pour vous. Puis, partagez votre expérience avec quelques personnes de confiance.

2 Prenez l'engagement de faire ce qui vous semble nécessaire pour aller mieux. Le pardon, c'est pour vous : ce n'est pour personne d'autre.

3 Le pardon n'implique pas forcément de vous réconcilier avec la personne qui vous a fait du mal, ni de cautionner ses actes. Votre but, c'est de trouver la paix. On peut définir le pardon comme « la paix et la compréhension qui découlent d'une diminution des reproches que vous adressez à qui vous a blessé, d'une manière moins personnelle de prendre la situation, et d'une transformation de votre récit de doléances ».

.../...

© Groupe Eyrolles

---

1 Dr Fred Luskin, *Pardonner pour de bon*, Fides, 2008
2 Traduction de l'auteur.

4 Adoptez une juste perspective quant à ce qui vous est arrivé. Reconnaissez que votre souffrance première découle des sentiments et pensées douloureux qui sont les vôtres maintenant, ainsi que de votre contrariété, et non de ce qui vous a blessé il y a deux minutes… ou dix ans.

5 Quand vous ressentez ces troubles et contrariétés, utilisez une technique de gestion du stress pour diminuer la réaction naturelle de combat ou de fuite de votre corps.

6 Renoncez à attendre la moindre chose des autres ou de votre vie, que ceux-ci refusent de vous offrir. Identifiez les lois inapplicables que vous avez édictées par rapport à votre santé et à la façon dont vous-même ou autrui devriez vous comporter. Rappelez-vous que vous pouvez néanmoins espérer obtenir la santé, l'amour, la paix et la prospérité, et tout mettre en œuvre pour y parvenir.

7 Consacrez votre énergie à trouver d'autres moyens d'atteindre vos buts positifs que ceux qui vous ont conduit à vivre cette expérience douloureuse. Au lieu de ressasser sans fin cet incident dans votre tête, cherchez d'autres moyens d'obtenir ce que vous désirez.

8 Rappelez-vous que votre meilleure revanche consiste à bien vivre votre vie. Au lieu de rester fixé sur vos sentiments douloureux, et ainsi de donner tout pouvoir à la personne qui vous a fait du mal, apprenez à rechercher l'amour, la beauté et la gentillesse autour de vous. Le pardon, c'est retrouver son pouvoir personnel.

9 Récrivez votre récit de doléances, afin de vous souvenir de votre décision héroïque de pardonner.

.../...

© Groupe Eyrolles

Comme l'indique le Dr Luskin, des études ont souligné que le pardon contribuait à une réduction significative de la colère, de la dépression et du stress. Sa pratique favorise l'espoir, la paix, la compassion et la confiance en soi. Il en découle des relations saines, et une meilleure santé physique.

Son approche a le mérite – comme quelques autres – de mettre l'accent sur notre pouvoir personnel, c'est-à-dire sur l'endroit en nous où se trouve notre liberté, notre capacité d'action. Changer l'autre ? La plupart du temps, cela m'est impossible. Mais changer comment moi je vis les choses, le sens que je leur donne, la manière dont je les prends, là, oui, j'ai du pouvoir, pour autant que je le découvre et que j'apprenne à m'en servir.

La méthode Luskin a un côté terre à terre, réaliste et plein de bon sens. Elle conduit ceux qui la mettent en œuvre à voir la vie, la réalité et les autres, tels qu'ils sont vraiment, plutôt que tels qu'on voudrait qu'ils soient, et à se réconcilier avec cette réalité-là, donc, à composer avec.

Ceux et celles qui croient à une dimension subtile, qui adhèrent à une religion ou une voie spirituelle, peuvent partir de cette base solide et y ajouter cette composante-là qui leur ouvrira des voies d'accès au pardon complémentaires, une dimension transpersonnelle qui viendra s'ajouter à celle purement personnelle.

Pour en savoir plus : www.learningtoforgive.com

© Groupe Eyrolles

Le pardon serait *obsolète, archaïque*

Dans le prolongement du premier obstacle, je me souviens de cette psychothérapeute qui m'a affirmé un jour : « Le pardon, c'est *has been*. On n'en a plus besoin aujourd'hui. » C'est une conviction que j'ai ressentie chez plusieurs personnes, notamment chez les tenants de certains courants de la psychothérapie, justement. Pour eux, le pardon appartient au passé, il serait porteur de toutes sortes de tares : ce serait une pratique humiliante, véhiculant beaucoup de culpabilité, et psychologiquement malsaine. À leur avis, aujourd'hui on peut faire sans. La psychanalyse, la psychologie et les multiples formes de psychothérapie permettent de faire tout le travail intérieur dont l'individu peut avoir besoin, sans passer par cet archaïsme que serait la pratique du pardon.

Cette façon de considérer le pardon me semble être à la fois juste et fausse.

Je la trouve juste, si par « pardon » l'on entend cette représentation floue, insuffisamment définie, que beaucoup d'entre nous s'en font avant d'avoir eu l'occasion de la clarifier et de l'approfondir en conscience. Oui, pour abonder dans leur sens, il y a des manières de pratiquer le pardon qui véhiculent effectivement de l'humiliation, de la culpabilité, mais aussi parfois une prise de pouvoir sur autrui, de l'orgueil caché (« Dans ma grande magnanimité, je veux bien te pardonner »), sans oublier du dénigrement de soi, et j'en passe. Le pardon convenu, le pardon obligé, le pardon mécanique peuvent parfois transmettre l'exact opposé de ce que cette pratique devrait apporter, tant à soi-même qu'aux autres personnes concernées, d'ailleurs. Ce pardon-là n'est pas thérapeutique, il ne guérit rien. Au mieux, il fait semblant. Mais il ne leurre qu'un temps.

Faut-il pour autant jeter le bébé avec l'eau du bain ?

Je ne crois pas. « Dieu est mort », affirmait Nietzsche, et cette mort qu'il annonçait indiquait en réalité la mort inéluctable de vieilles formes

© Groupe Eyrolles

religieuses, de vieux dogmes cristallisés : une mort indispensable à ce que naisse ensuite une nouvelle vision vivante du spirituel, du religieux, du divin. « Le pardon est mort » pourrait-on dire dans le même esprit : le pardon qui humilie, le pardon qui ratatine, mais aussi – à l'extrémité du spectre – le pardon qui se croit supérieur, le pardon qu'on déverse sur autrui, le pardon manipulateur, le pardon qui donne bonne conscience.

Mais s'il est nécessaire de se défaire de ce qui est mort et cristallisé, s'il est opportun de tuer la forme qui a fait son temps, c'est pour mieux en libérer le fond, le sens, l'esprit… et le réincarner dans une nouvelle forme en accord avec son époque. Oui, c'est vrai, certaines formes de pardon sont aujourd'hui obsolètes, archaïques – par rapport à la mentalité actuelle, même si elles peuvent toujours convenir à certains – mais le concept du pardon et le *sens* profond de cette pratique gardent toute leur pertinence et leur utilité.

C'est là où je m'inscris en faux contre cette tendance de certains psys aujourd'hui à remiser un peu trop rapidement le pardon dans les cartons du passé, sans faire ce distinguo entre le fond et la forme. Aujourd'hui, il existe de multiples approches du pardon qui sont en phase avec notre époque et avec les apports de la psychologie moderne, qu'elles soient religieuses (pour certaines) ou non (pour d'autres). Elles peuvent tout à fait convenir à celles et ceux que les anciennes formes ne satisfont plus.

> **"** *Oui, certaines formes de pardon sont aujourd'hui obsolètes, archaïques – par rapport à la mentalité actuelle – mais le concept du pardon et le sens profond de cette pratique gardent toute leur pertinence et leur utilité.* **"**

En 2012 comme en 2014, après les *Journées du Pardon*[3], l'un des commentaires que nous avons le plus entendu des quelque cent cinquante participants à ce grand événement était : « Merci d'avoir sorti le pardon du carcan des religions ». Je précise que j'ai le plus grand respect pour les

____

3   Pour en savoir plus : www.journeesdupardon.fr

© Groupe Eyrolles

traditions religieuses, et que nous avons invité à ces Journées des représentants du christianisme et du bouddhisme, notamment, qui y ont fait des interventions remarquables et remarquées. Ce que nous disaient ces participants, au fond, c'est qu'à travers la multiplicité des conférences, ateliers et cérémonies qui leur étaient proposés, ils ont pu réviser et élargir la définition du pardon qu'ils avaient jusque-là, en approfondir la compréhension et acquérir par la même occasion de nouveaux rituels et méthodes pour le mettre en pratique.

Le pardon – comme l'amour, la vérité, la liberté, etc. – n'est pas une notion statique, immuable, figée pour l'éternité dans sa définition et sa pratique. D'une religion à une autre, d'une civilisation à une autre, et des époques passées aux temps modernes, sa compréhension a évolué, son exercice s'est transformé… et cela va continuer. Cette remise en question d'un concept peut aussi bien se faire collectivement, à des moments où la société évolue dans son ensemble, qu'individuellement : chacun de nous a toute latitude pour questionner ces notions, les creuser, les retourner dans tous les sens, pour les vivre, les appliquer et se les approprier. Ce n'est pas réservé à des théologiens, des philosophes ou des experts. Comme le démontre le succès de la philosophie enseignée aux tout-petits, il n'y a pas d'âge pour commencer à se poser de grandes questions et y chercher ses propres réponses, éclairées par celles qu'y ont données les générations précédentes.

Vous trouvez telle pratique du pardon obsolète, archaïque, *has been*, incompatible avec votre mentalité, votre vision des choses, votre philosophie à vous ?

Soit !

Alors, retroussez vos manches et attaquez-vous sérieusement à cette question, en toute conscience. Lisez divers ouvrages. Réfléchissez de votre côté. Creusez. C'est quoi, au fond, le pardon ? son étymologie, son sens ? Qu'est-ce qu'en disent diverses traditions, divers penseurs ? Et moi, qu'est-ce que j'en pense ? Comment je vois cela ? Comment puis-je me l'approprier ?

Là, ça devient intéressant !

© Groupe Eyrolles

Et je forme le vœu que ce livre, et en particulier ce passage en revue des obstacles au pardon – constitués de vieilles notions à son sujet qu'il est temps de remettre en question – vous aide à atteindre votre propre compréhension du pardon, pour pouvoir ensuite profiter de ses effets thérapeutiques et libérateurs, dans votre vie.

Témoignage de Laure

« Lors de la présentation de l'atelier Don du Pardon, je prends conscience qu'il me manquait une clé pour faire acte de pardon véritable, et cette clé : c'était moi-même. Jusqu'alors, j'étais comme inexistante lors de mes actes de pardon : seul l'autre comptait à mes yeux, il fallait coûte que coûte lui pardonner et, au final, malgré mes efforts, je parvenais difficilement à pardonner.

À travers le Don du Pardon, vous êtes au cœur même de cette dynamique, car le pardon est un acte d'Amour envers soi-même. Vous vous reconnectez à cette énergie d'Amour, puissante, chaleureuse, harmonieuse. Elle circule de nouveau en vous. Et lorsque je l'ai sentie à nouveau circuler, j'ai été prise de sanglots incontrôlables. Je me libérais et à la fois retrouvais la joie de me sentir reliée, je reprenais possession de mon identité.

Je venais de recevoir un cadeau unique, grandiose, profondément touchant et je ne devais pas le garder pour moi, comme un trésor caché. Je ressentis l'envie de le partager.

Je me suis donc formée pour pouvoir à mon tour le transmettre. Depuis, une fois par mois, je vis avec les participants un moment unique, car chaque cercle est différent, mais l'énergie d'Amour est toujours aussi présente et puissante. Une alchimie prend possession du lieu et des participants. Il est émouvant de voir l'intelligence du cœur parler. Et tout cela se fait avec une réelle simplicité pendant que, bercé et entouré de l'énergie d'Amour, chacun vit intérieurement son propre chemin de Pardon. La conscience s'ouvre... les regards s'illuminent... et là mon cœur déborde de reconnaissance et de gratitude. »

© Groupe Eyrolles

Le pardon serait surtout un *cadeau que l'on fait à l'autre*

C'est un obstacle de croire cela ? Pour beaucoup de personnes, oui.

Pourquoi ?

Parce que si je considère qu'accorder mon pardon à quelqu'un qui m'a fait souffrir et à qui j'en veux encore beaucoup, c'est lui faire un cadeau, une voix va aussitôt s'élever en moi pour dire : « Ah, non ! Pas question. Je ne vais pas lui faire ce cadeau-là ! ». Il m'a fait du mal, j'ai terriblement souffert, alors ne comptez pas sur moi pour lui accorder mon pardon. En pensant cela, je crois punir l'autre en lui refusant mon pardon. Je m'imagine que c'est lui qui va en souffrir à son tour.

Cette vision des choses est-elle juste ?

Pas vraiment, en réalité. Voire pas du tout.

Si quelqu'un m'a agressé physiquement et que je suis blessé, ne pas me soigner me fera souffrir moi le premier. Peut-être, si l'autre personne a un revirement d'humeur, en sera-t-elle un peu affectée, elle aussi. Mais il se peut également qu'elle s'en moque éperdument, et n'en sache jamais rien. De manière analogue, si mon cœur a été blessé, si j'ai subi des choses qui m'ont profondément atteint dans mon intégrité émotionnelle (et non physique), le refus de guérir – c'est-à-dire de faire œuvre de pardon, puisque le pardon est défini ici comme la guérison des blessures du cœur – va essentiellement me faire souffrir moi. C'est moi qui vais continuer de m'intoxiquer avec ces poisons que sont la haine, le ressentiment et l'envie de vengeance. C'est moi qui vais passer des mois, des années, des décennies, avec des plaies ouvertes et douloureuses dans mon corps émotionnel. C'est moi qui aurai un cœur blessé, des kystes émotionnels, un handicap affectif.

© Groupe Eyrolles

Est-ce que celui qui m'a fait du mal souffrira de mon refus de faire œuvre de pardon ? Pas sûr. C'est très variable d'une personne à l'autre. Autant certains souhaitent qu'on leur pardonne un jour leurs torts, autant d'autres s'en contrefichent. D'un point de vue spirituel, en revanche, ma haine - qui est une énergie négative, fût-elle invisible - ne fera aucun bien à celui contre qui je la dirige, c'est vrai : c'est une forme d'agression psychique qui peut parfois avoir des effets tangibles. Sauf que, primo, elle m'aura traversé moi le premier, avant d'atteindre sa cible, et que j'en ferai donc les plus gros frais. Secundo, elle affectera immanquablement toutes mes autres relations, y compris avec les personnes qui me sont le plus chères, qui en paieront elles aussi le prix fort, indirectement : eh oui, le cœur humain est un, et s'il distille de la haine d'un côté, il ne peut se compartimenter et exprimer un amour pur et sans tache de l'autre... Tertio, cette énergie négative que j'exprime - comme tout ce que je sème par mes pensées, mes intentions et mes sentiments - va attirer à moi des énergies similaires, donc négatives elles aussi, et je risque de m'enfermer dans un cercle vicieux infernal.

Est-ce vraiment cela que je souhaite ? Non, évidemment. Et la plupart d'entre nous tombent dans ce piège par simple ignorance de sa mécanique et de ses conséquences.

Le meilleur moyen d'éviter cet obstacle, c'est justement d'avoir conscience que le pardon est d'abord et avant tout quelque chose que l'on fait pour soi-même ! On pardonne pour se libérer du poison de la haine, pour panser ses propres plaies, pour guérir son cœur à soi. On pardonne pour ne pas rester estropié du cœur et incapable d'aimer pleinement, même ceux qui nous sont chers.

> *Le pardon est avant tout quelque chose que l'on fait pour soi-même ! On pardonne pour se libérer du poison de la haine, pour panser ses propres plaies, pour guérir son cœur à soi.*

La difficulté, ici, tient au fait que le ressentiment est un lien. En français, on a d'ailleurs l'expression « Je t'en veux » - inconnue dans d'autres langues - que je trouve très parlante : cela veut dire littéralement « J'exerce ma volonté sur toi ». « Je t'en veux », ça veut dire : « Je te tiens ». Je te tiens par un lien de rancune et de haine. Je ne veux pas te lâcher, à cause de ce que tu m'as fait. Si jamais je te « par-donnais », je renoncerais à ce lien, je te laisserais libre, et ça, pas question ! Donc, je continue de t'en vouloir, et ce lien de ressentiment que je cultive m'enchaîne à toi et donc me limite moi.

Pour se défaire de ce lien, pour pouvoir guérir soi-même, il est nécessaire d'apprendre à distinguer deux plans, deux dimensions en nous que nous avons tendance à confondre et emmêler : le cœur et la tête. Comme on l'approfondira plus loin, faire œuvre de pardon (guérir son cœur) n'implique pas de devenir idiot dans sa tête et de prendre des décisions stupides. Je peux pardonner... et déposer plainte au commissariat ou au tribunal. « Je pardonne tout... mais je ne passe rien ! », disait l'un de mes mentors spirituels. « Je pardonne tout », cela veut dire : « Je refuse de m'empoisonner avec le venin de la haine, donc je fais le nécessaire pour guérir mon cœur ». Et « Je ne passe rien » signifie : « J'ai aussi du discernement et du bon sens. Je sais que ce que tu as fait là est inacceptable. Alors, sans haine, je prends les mesures qui s'imposent pour que tu sois confronté aux conséquences de tes actes. »

J'approfondirai ce point essentiel ultérieurement. Dans le cadre de cet obstacle-ci, l'important est que vous compreniez que vous pouvez pardonner, vous pouvez vous faire ce cadeau à vous-même, vous accorder cette guérison de vos blessures émotionnelles, sans pour autant libérer l'autre – celui qui vous a fait du mal – des conséquences légales de ses actes. Oui, vous le libérez de votre haine, puisque vous êtes le premier à y gagner. Mais vous ne lui donnez pas pour autant un blanc-seing qui le soustrairait à toute responsabilité.

Vous devez donc opérer deux distinctions majeures, pour vous prémunir de cet obstacle :

• Une première distinction entre comment l'on agit envers soi-même et envers l'autre : qu'est-ce que je compte faire pour moi, pour ma guérison, pour retrouver mon intégrité ? Et que vais-je faire par rapport à celle ou celui qui m'a fait du mal ? Ce sont deux choses distinctes,

© Groupe Eyrolles

différentes, que vous devez traiter séparément, avec discernement. Le choix n'est pas entre : « Je souffre pour faire souffrir l'autre » ou « Je guéris, mais je libère l'autre du même coup ». Il existe une troisième voie : « Je guéris, je prends soin de moi… mais je conserve toute latitude pour agir vis-à-vis de l'autre comme ses actes l'exigent ».

- Une seconde distinction entre ce qui se passe dans mon cœur et dans ma tête : au lieu que les deux fonctionnent en tandem (soit au négatif « Je ne pardonne pas et je condamne », soit au positif « Je pardonne et j'accepte »), je développe leur autonomie respective : mon cœur pardonne, guérit, retrouve son intégrité et sa fluidité ; mon mental conserve tout son discernement et prend les décisions justes qui s'imposent pour protéger mon cœur et mettre la personne fautive face à ses responsabilités. On verra que ce n'est qu'à cette condition que votre couple intérieur « cœur/tête » prendra sa véritable dimension, au lieu que tour à tour, l'un se soumette à l'autre et que vos décisions pèchent dans un sens ou dans l'autre.

Une fois ce troisième obstacle écarté, le mot pardon devrait automatiquement évoquer quelque chose qui vous fait du bien ! Le centre de gravité de ce terme cesse d'être au niveau de l'autre personne, de ce qu'elle a dit, de ce qu'elle a fait, de ce qu'elle mérite ou pas, pour se repositionner sur soi-même : comment je veux vivre ? Dans quel état ai-je envie d'être ? Comment puis-je guérir ?

Une fois que je suis moi-même guéri, les décisions que je prends par rapport à l'autre ne sont plus dictées par ma haine et mon ressentiment : elles peuvent donc être plus objectives et plus justes, parce qu'elles émanent d'un espace apaisé en moi.

Retenez bien ceci : quand vous pardonnez, c'est avant tout vous-même que vous libérez. L'option inverse, garder rancune, est une dangereuse forme de constipation émotionnelle. Le pardon serait-il un laxatif émotionnel ? Voilà une nouvelle métaphore inattendue, mais assez parlante, à ajouter aux autres !

© Groupe Eyrolles

FORGIVENESS PROJECT

Récit de Bud Welch
(États-Unis)

En avril 1995, Bud Welch perdit sa fille de 23 ans, Julie Marie, lors de l'attentat à la bombe perpétré contre le bâtiment fédéral Alfred P. Murrah, à Oklahoma City. Durant les mois qui suivirent ce tragique évènement, l'opinion de Bud s'inversa : anciennement en faveur de la peine de mort pour Timothy McVeigh et Terry Nochols, il allait dorénavant se battre publiquement contre cette sentence. En 2001, Timothy McVeigh fut exécuté pour son rôle dans l'attentat.

Trois jours après l'attentat, je regardais Tim McVeigh sortir du tribunal sous escorte, en souhaitant qu'un tireur caché dans un immeuble voisin l'abatte. Je voulais qu'il brûle. À vrai dire, je l'aurais tué moi-même si j'en avais eu l'occasion.

Incapable de gérer la douleur de la mort de Julie, j'ai voulu me guérir par l'alcool, jusqu'à ce que mes jours ne soient plus qu'une succession de gueules de bois. C'est alors qu'en janvier 1996, par une journée glaciale, je me rendis sur le site de l'attentat, comme je le faisais tous les jours, et je regardai les ruines du bâtiment Murrah. J'avais la tête qui explosait à cause de ce que j'avais bu la veille, et je me suis dit : « Il faut que j'agisse différemment, car ce que je fais actuellement ne m'apporte rien ».

Les semaines suivantes, j'ai commencé à mettre de l'ordre dans mes idées et j'en suis arrivé à la conclusion que la vengeance et la haine avaient tué Julie et les cent soixante-sept autres personnes. Tim McVeigh et Terry Nichols en voulaient au gouvernement américain pour ce qui s'était passé en 1993 à Waco, au Texas ; en voyant où la vengeance les avait conduits, je savais que la mienne devait revêtir une autre forme. Peu après, j'ai commencé à prendre la parole pour protester contre la peine de mort.

© Groupe Eyrolles

Je me souviens aussi que peu de temps après l'attentat, j'avais vu le père de Tim McVeigh, Bill, dans un reportage aux informations. On le voyait penché sur un parterre de fleurs et, quand il s'était relevé, j'avais vu qu'il était physiquement ébranlé par sa peine : je le savais, car je ressentais cette peine moi aussi.

En décembre 1998, après la condamnation à mort de Tim McVeigh, j'ai eu l'occasion de rencontrer Bill McVeigh chez lui, près de Buffalo. Je voulais lui montrer que je ne lui en voulais pas. Sa jeune fille voulait elle aussi me rencontrer. Donc, après m'avoir montré son jardin, Bill m'invita à m'asseoir avec lui et sa fille à la table de la cuisine. Sur le mur, il y avait des photos de famille, dont une de la remise de diplôme de Tim. Ils remarquèrent que je n'arrêtais pas de la regarder et je me sentis donc obligé de dire quelque chose : « Bon Dieu, quel beau jeune homme ! »

Plus tôt, quand nous étions dans le jardin, Bill m'avait demandé : « Bud, est-ce que vous arrivez à pleurer ? » Je lui avais dit alors : « D'habitude, ce n'est pas un problème ».
Il m'avait répondu : « Je n'y arrive pas, même si j'ai vraiment de quoi pleurer en ce moment ». Mais à cet instant, à la table de la cuisine, la photo de Tim sous les yeux, une grosse larme roula sur sa joue. C'était l'amour qu'un père porte à son fils.

> **Il faut que j'agisse différemment, car ce que je fais actuellement ne m'apporte rien.**

En m'apprêtant à partir, je serrai la main de Bill puis je tendis la main à Jennifer, mais elle m'agrippa et me serra dans ses bras.
Elle avait à peu près le même âge que Julie, mais elle était bien plus grande. Je ne sais pas lequel de nous deux se mit à pleurer en premier. Je posai alors mes mains autour de son visage et lui dis : « Écoute, ma belle, nous sommes tous les trois dans cette situation pour le restant de nos jours. Je ne veux pas que ton frère meure et je ferai tout mon possible pour empêcher cela. » En m'éloignant de leur maison, je m'aperçus que jusqu'à présent, j'avais accompli ma démarche en solitaire ; désormais, j'étais soulagé d'un fardeau incroyable. J'avais

© Groupe Eyrolles

trouvé quelqu'un qui était encore plus victime que moi de l'attentat d'Oklahoma. Pour ma part, je peux prendre la parole devant des milliers de personnes et raconter des choses merveilleuses sur Julie, tandis que Bill McVeigh, s'il rencontre un inconnu, ira probablement jusqu'à éviter de mentionner qu'il avait un fils.

Environ un an avant l'exécution de Tim McVeigh, je trouvai en mon cœur la force de lui pardonner. Ce fut un soulagement pour moi plus que pour lui.

Six mois après l'attentat, un sondage à Oklahoma City a montré que 85 % des familles des victimes et des survivants voulaient que Tim McVeigh soit condamné à mort. Six ans plus tard, ce chiffre avait pratiquement chuté de moitié, et à présent, la plupart de ceux qui étaient en faveur de cette exécution ont fini par penser que c'était une erreur. En d'autres termes, ils n'ont pas été soulagés quand Tim McVeigh a été tiré de sa cellule pour être exécuté.

Pardonner reviendrait à *cautionner, accepter, excuser*

Nous touchons là l'un des obstacles au pardon les plus répandus. « Si je pardonne », pensent beaucoup de gens, « ça veut dire que je cautionne ce qui m'a été fait, que c'était acceptable. Alors, pas question ! » Quoi de plus compréhensible comme réaction ?

Mais qui dit que les deux doivent nécessairement aller de pair ?

Une fois encore, ce qui nous induit en erreur, c'est cette absence de distinction – dans laquelle la plupart d'entre nous ont grandi – entre ce

© Groupe Eyrolles

qui se passe dans notre cœur et dans notre tête, entre nos sentiments et émotions d'une part, et notre discernement, nos jugements objectifs d'autre part.

Quand je crois « Je pardonne donc je cautionne », cela veut dire que j'ai le cœur et le mental fusionnés en une seule entité, avec deux conséquences possibles :

- soit mon cœur et mes émotions asservissent mon intellect à justifier mon ressenti (et à s'interdire toute pensée qui ne va pas dans son sens) ;

- soit à l'inverse c'est mon mental qui régit mon cœur, ce sont mes constructions intellectuelles et mes interprétations de la situation qui dictent à mon affect quelles émotions nourrir (ou bannir).

Donc, si mon cœur pardonne, mon mental se croit obligé de cautionner l'acte du même coup. En réalité, on peut apprendre à écouter les sons de cloche différents de ces deux composantes de soi-même, sans étouffer ni l'une ni l'autre, et sans laisser aucune des deux dicter sa conduite à l'autre. Une analogie peut nous aider à y parvenir.

Regardez comment se passent les choses dans un tribunal. D'un côté vous avez le procureur qui énonce froidement et objectivement les faits reprochés à l'accusé ; de l'autre, l'avocat qui s'efforce de sensibiliser son auditoire au vécu de son client, de toucher le cœur des jurés en leur faisant comprendre les choses de l'intérieur, subjectivement parlant. Au milieu, vous avez le juge qui devra trancher au final. Le procureur, en nous, c'est l'intellect : c'est lui qui se veut objectif, qui juge les choses de l'extérieur. L'avocat, c'est notre cœur : son langage est celui du sentiment, il cherche à émouvoir. L'avocat et le procureur ont chacun leur rôle, chacun leur compréhension propre de la situation. C'est l'alliage des deux qui permet au juge (sur la base de la décision des jurés) de prendre une décision juste.

De manière analogue, je peux faire œuvre de pardon pour guérir mon cœur, pour me libérer de la haine, pour revivre... et en même temps continuer objectivement de considérer l'acte qui a été commis comme étant parfaitement inacceptable et condamnable. Pour moi, je pardonne, je guéris ; pour l'autre, je fais preuve de discernement et au besoin je peux

© Groupe Eyrolles

aller jusqu'à solliciter une intervention en justice. Pardonner ne me rend ni stupide ni inconséquent.

Quel parent ne s'est jamais retrouvé face à son enfant, après qu'il avait commis une grosse bêtise, voire une faute, et n'a pas éprouvé à la fois l'élan du cœur de lui pardonner son geste, et le besoin rationnel de sanctionner néanmoins son geste ? Le pardon et l'amour n'empêchent pas la sanction : je dirais même que celle-ci est la forme la plus élevée que peut prendre l'amour porté à cet enfant. Un amour courageux, et non un amour faible qui nuirait à l'intéressé.

De même que vous pouvez pardonner à un enfant, sans cautionner son geste ni le priver des conséquences qu'il appelle, vous pouvez aussi développer la capacité d'agir de manière analogue face aux injustices dont vous avez fait vous-même l'objet... même si cela peut s'avérer difficile et exiger du temps et de l'entraînement.

Un mot maintenant sur le verbe « excuser ». Pardonner n'est pas excuser. J'ai mis plus haut « par-donner » en opposition avec « garder rancune ». De manière analogue, excuser est à opposer à accuser. Je peux pardonner, tout en conservant toutes mes accusations. Pour moi-même, je ne garde pas de rancune, je ne reste pas dans la haine : mais je n'en maintiens pas moins mon appréciation objective et sévère de l'acte commis à mon encontre. Je ne l'excuse pas. Du moins, pas nécessairement. Je peux trouver des raisons au geste de mon agresseur : son histoire, son enfance, ce qu'il ou elle a subi, etc. Mais une raison n'est pas une excuse. Toutes les personnes qui ont vécu la même enfance, qui sont passées par les mêmes difficultés, ne sont pas toutes devenues comme celle qui a mal agi contre moi. Tant s'en faut. Je peux comprendre sans approuver. Je peux pardonner sans excuser.

> **"** *Pour moi, je pardonne, je guéris ; pour l'autre, je fais preuve de discernement et au besoin je peux aller jusqu'à solliciter une intervention en justice. Pardonner ne me rend ni stupide ni inconséquent.* **"**

© Groupe Eyrolles

Dans le langage courant, les verbes pardonner et excuser sont souvent employés l'un pour l'autre, d'où cette confusion. « Excuse-toi ! » dit-on à un enfant qui aussitôt murmure, penaud : « Pardon… ». En réalité, ce sont des choses très différentes. Quand j'excuse quelqu'un, cela veut dire que je ne retiens plus aucune charge contre lui. Quand je lui pardonne, cela veut dire que je cesse de le détester, de lui en vouloir. On est dans deux registres différents.

On notera au passage que s'excuser soi-même (« Je m'excuse ») est une pratique un peu douteuse ; par analogie, imaginez quelqu'un qui vous dirait : « Je me pardonne ! » Il est plus juste de présenter ses excuses, excuses que l'autre est libre d'accepter ou non. Présenter ses excuses, c'est reconnaître ses torts. Cette reconnaissance exprimée permet à l'autre de décider comment y réagir : excuser ou non, pardonner ou pas, excuser sans pardonner, etc.

La pratique du pardon exige donc une conscience plus aiguë de ce qui se passe en nous, et en particulier une meilleure distinction entre ce qui se passe dans notre tête, dans notre cœur et aussi notre corps. Cette distinction se reflétera ensuite tout naturellement dans le vocabulaire auquel nous ferons appel pour nous exprimer : le cœur pardonne ou non ; le mental excuse ou pas ; et le corps accepte ou non. Nous avons la chance d'avoir, en français, une langue d'une grande richesse : encore faut-il développer en soi la sensibilité aux nuances intérieures que ce riche vocabulaire permet d'exprimer.

> **"** *Quand j'excuse quelqu'un, cela veut dire que je ne retiens plus aucune charge contre lui. Quand je lui pardonne, cela veut dire que je cesse de le détester, de lui en vouloir. On est dans deux registres différents.* **"**

Retenez donc de ce qui précède que vous pouvez tout à fait pardonner, sans que cela vous conduise à accepter, cautionner ou excuser des actes que vous jugez inacceptables et inexcusables.

© Groupe Eyrolles

Récit d'Andrew Rice
(États-Unis)

Le 11 septembre 2001, David Rice, investisseur en obligations, a perdu la vie dans l'effondrement du World Trade Center. Dès lors, son frère, Andrew Rice, a tenté de comprendre les causes fondamentales de la violence. Il appartient à l'association Peaceful Tomorrows, fondée par les familles des victimes du 11 septembre, axée sur la recherche de véritables réponses non violentes au terrorisme.

En tant que journaliste, le 11 septembre, je couvrais le Festival du film de Toronto. Et ce beau matin-là, ma mère m'a téléphoné : « Andrew, tu es seul ? » m'a-t-elle demandé ; et je me suis aussitôt senti envahi par une sorte d'appréhension. David venait de l'appeler pour lui dire qu'un avion avait percuté le World Trade Center, mais que tout allait bien pour lui : l'appareil avait percuté l'autre tour.

Je me suis précipité dans la salle de presse de mon hôtel et, au moment où j'y entrais, j'ai vu le second avion frapper l'autre tour. Je suis retourné dans ma chambre dans tous mes états et j'ai allumé la télé pour voir la première tour s'écrouler. C'est alors que j'ai poussé un cri épouvantable, sûr et certain que David était mort.

Nous étions très proches, David et moi. Adolescents, nous étions plutôt intenables : nous séchions le lycée et allions de fête en fête, jusqu'au moment où nous nous sommes calmés, à une bonne vingtaine d'années. Une fois calmé, dégrisé, on se retrouve face à soi-même et on réalise que chacun a du bon et du mauvais en lui. À la mort de David, ce constat m'a aidé à gérer mon chagrin et ma colère.

Quand le *New York Times* a publié parmi les « Visages du chagrin » celui de David, j'étais alors trop bouleversé pour m'en rendre compte, mais lorsque, quelques mois plus tard, j'ai relu le journal, j'ai été frappé de ce que dans le même numéro — à peine six mois après les attaques — le vice-président Cheney ait déclaré : « Si vous

© Groupe Eyrolles

êtes contre nous, vous subirez notre colère ». Tout le pays était sous le choc, prêt à être modelé comme de la terre glaise, et nos dirigeants de déclarer que nous allions débarrasser le monde du mal. Une lutte se déchaîna en moi – la partie la plus viscérale affirmant : « Nous allons leur en faire voir ! », et la plus rationnelle : « La force ne résoudra rien ». Puis, à mesure que nous parvenaient les nouvelles faisant état de victimes civiles en Afghanistan, je me suis senti de plus en plus touché par le fait que tant de gens ordinaires, comme mon frère, perdaient ainsi la vie. Quand j'ai découvert sur Internet l'existence de l'association Peaceful Tomorrows, j'ai réalisé avec un grand soulagement que je n'étais pas le seul à penser que les représailles ne nous mèneraient à rien.

Plus tard, le groupe des « Familles des victimes pour la réconciliation » a été contacté par la mère du présumé vingtième pirate de l'air, Zacarias Moussaoui, maintenu dans l'isolement dans une prison de Virginie du Nord depuis le 11 septembre. Elle n'avait qu'une seule requête : rencontrer des familles de victimes et leur demander pardon.

Nous étions un peu inquiets : nous craignions que notre gouvernement ne l'apprenne et également que le moment ne soit trop éprouvant. Mais finalement quelques-uns d'entre nous ont accepté de rencontrer Madame El-Wafi à New York, en novembre 2002. Tandis que nous patientions dans un bâtiment d'une université privée, une mère dont le fils avait péri dans le World Trade Center s'est présentée dans le hall pour

> *Ceux qui en appellent aux représailles, au châtiment, semblent souvent les moins concernés.*

la voir. Nous avons entendu des pas, puis plus rien, le silence. Ensuite des sanglots. Enfin, elles sont entrées toutes les deux dans la pièce, se soutenant l'une l'autre. À ce moment, nous étions tous en larmes. Madame El-Wafi me faisait terriblement penser à ma propre mère qui avait tant pleuré après la mort de David. Elle a

© Groupe Eyrolles

passé trois heures avec nous et nous a expliqué la façon dont le groupe d'extrémistes avait donné à son fils, malade mental, une raison de vivre.

J'aimerais bien rencontrer un jour Zacarias Moussaoui pour lui dire : « Tu peux nous haïr, moi et mon frère, tant que tu voudras, mais je veux que tu saches que j'ai de l'affection pour ta mère et que je l'ai consolée alors qu'elle pleurait tant ».

Mon attitude n'est pas qu'altruiste. Bien sûr, je suis en colère, mais il y a une dimension spirituelle. Je protège l'esprit de mon frère en dressant une barricade autour de lui. Je refuse de me soumettre à ce qu'« ils » veulent : une haine viscérale de part et d'autre ; cela me donne droit à la réconciliation. Ceux qui en appellent le plus fort aux représailles, au châtiment semblent si souvent les moins concernés.

Pour en savoir plus : www.mvfr.org

Il serait impossible
de pardonner *si l'autre ne demande pas pardon*

« Je ne peux pas pardonner à quelqu'un qui ne m'a pas demandé pardon », affirment certains. Cette posture, qui semble logique dans la compréhension courante que l'on a du pardon, est en réalité un gros obstacle à cette « guérison des blessures du cœur » que représente le pardon dans ces pages.

Tant que j'attends que celui qui m'a fait du tort vienne me présenter ses excuses et/ou me demander pardon, je reste dans l'impuissance, dans

© Groupe Eyrolles

la passivité : le pouvoir de guérir, de ressusciter à l'amour, est entre les mains de mon agresseur. Si celui-ci ne reconnaît pas ses torts, s'il n'a pas conscience du mal qu'il m'a fait, s'il s'en contrefiche, s'il habite à l'autre bout de la planète et que je ne le vois jamais, ou encore s'il a eu le mauvais goût de mourir sans jamais m'avoir demandé pardon ni présenté aucune excuse, suis-je alors condamné à passer le restant de mes jours à souffrir, à ne pas trouver la paix du cœur, à ne pas pouvoir cicatriser et aimer à nouveau ? Est-ce cela, la condition humaine ?

Par analogie, imaginez que vous soyez allé vous promener dans un quartier mal famé de la ville et que quelqu'un vous ait agressé et blessé à l'arme blanche. Vous saignez, vous avez besoin de soins. Maintenant, imaginez que pour guérir et cicatriser, il faille impérativement que ce soit votre agresseur en personne qui vous désinfecte, qui vous mette un pansement, voire vous recouse ! Dans quel pétrin serions-nous tous, si c'était seulement ainsi que les blessures physiques guérissaient ?! Fort heureusement, pour des blessures mineures, chacun peut se soigner tout seul ; et si elles sont plus importantes, on peut s'adresser à une infirmière ou à un médecin.

Il en va de même des blessures émotionnelles qui ne touchent plus votre corps physique mais votre cœur, votre corps affectif. Leur guérison n'est pas aux mains de vos agresseurs. Pour la plupart d'entre elles, vous pouvez guérir par vous-mêmes, et aujourd'hui il ne manque pas d'approches pour opérer cette cicatrisation des blessures du cœur. Pour les plus importantes, il y a là aussi des aides, des personnes ressources, des ateliers ou retraites, pour vous accompagner sur le chemin de la guérison.

Bien sûr, si la personne qui vous a agressé ou blessé vient présenter ses excuses, si elle fait amende honorable, si elle va jusqu'à demander pardon pour ses actes et faire œuvre de réparation, c'est formidable, c'est merveilleux, c'est la situation idéale ! Nul ne le conteste, et certainement pas moi. On rêve tous de cela. C'est le cas parfait, où il y a pardon, réparation, réconciliation : la totale. Mais est-ce toujours possible ? Non. Bien souvent divers facteurs qui vous échappent ne rendent pas la chose faisable. L'autre ne veut ou ne peut remplir sa part du contrat envers vous.

© Groupe Eyrolles

Dans ces situations-là, il est vital de savoir que vous pouvez quand même guérir vous-même. Votre guérison ne dépend pas de ce que l'autre dit ou ne dit pas, de ce qu'il fait ou non. Elle ne dépend que de vous. Vous imaginez un peu la différence que cela fait ? C'est énorme ! Je croyais que c'était l'autre qui détenait tout pouvoir sur moi, que seule son attitude déterminait si je pouvais ou non connaître le pardon : et je réalise qu'en réalité c'est moi qui détiens ce pouvoir, que l'autre ne le possédait que dans la mesure où je le lui abandonnais moi-même ! C'est un formidable renversement de situation !

C'est ce qui fait dire à l'une des personnes citées sur le site du Forgiveness Project : « Le pardon, c'est l'ultime forme de vengeance : vous privez l'autre du pouvoir qu'il pensait détenir sur vous ». Évidemment, c'est une boutade en forme de paradoxe : le pardon comme ultime forme de vengeance... Toutefois, ce que j'aime dans cette citation, qui a le mérite de nous mettre les méninges à l'envers, c'est qu'elle nous force à voir la situation sous un angle inattendu. Je me croyais victime impuissante de l'autre, alors qu'en réalité j'avais un pouvoir que je ne discernais pas, que je croyais entre ses mains à lui.

> *Je croyais que c'était l'autre qui détenait tout pouvoir sur moi, que seule son attitude déterminait si je pouvais ou non connaître le pardon : je réalise qu'en réalité c'est moi qui détiens ce pouvoir, que l'autre ne le possédait que dans la mesure où je le lui abandonnais moi-même !*

Cette phrase paradoxale met également en lumière qu'aussi longtemps que je n'arrive pas à pardonner, je donne effectivement tout pouvoir à mon agresseur, je prolonge durablement le mal qu'il m'a fait il y a tant de semaines, mois ou années. Pour reprendre l'analogie avec une blessure physique : lui m'a bel et bien blessé à telle époque, mais depuis, c'est moi qui empêche mes plaies de cicatriser, par méconnaissance de mes propres ressources.

Prendre conscience de son rôle à soi, dans la perpétuation de ses souffrances, c'est se donner les moyens de les guérir. C'est changer de centre

© Groupe Eyrolles

de gravité : arrêter d'être fixé sur l'autre, sur ce qu'il a dit ou fait, ce qu'il pourrait pour nous s'il voulait bien reconnaître son tort, pour se recentrer plutôt sur soi-même, sur ses propres ressources, sa propre capacité à cicatriser. Dans une interview qu'elle donnait à *Paris Match* à l'occasion de la parution d'un nouveau livre en 2014, Ingrid Betancourt mettait en évidence ce retournement de posture qu'implique souvent le pardon : « Sans le chemin du pardon, écrit-elle, on ne nie pas seulement l'humanité de l'autre dans ses noirceurs, mais également la sienne propre. Car qu'est-ce qui est impardonnable ? Ce n'est pas le mal qu'on nous a fait, c'est notre fureur de nous être mis en situation d'avoir si mal. Le pardon, ce n'est pas avec l'autre qu'il agit, c'est avec notre propre ego [...]. Quand on pardonne, c'est avec soi-même qu'on fait la paix. »

Conclusion : ne laissez pas le comportement passé de ceux qui vous ont fait du mal déterminer encore aujourd'hui si vous pouvez ou non parvenir au pardon, à la paix du cœur. Ce n'est pas eux qui décident, c'est vous. Vous pouvez faire le choix de guérir, quoi qu'ils fassent ou ne fassent pas. Et si, par bonheur, ils font à leur tour un pas dans votre direction, s'ils parcourent leur moitié du chemin, ce sera cadeau, bonus : vous n'aurez pas attendu ce geste de leur part pour retrouver l'intégrité de votre cœur et votre propre capacité à aimer.

« Le pardon » dit encore Ingrid Betancourt, « est essentiel pour vivre. Sans lui, sans ce comportement spirituel, on ne revient jamais à des relations humaines avec les autres. » Ni avec soi-même, peut-on ajouter. Alors, laissez aux autres le choix de leurs actes, puisque vous n'avez aucun moyen de les forcer à agir de telle ou telle manière, et que seules une demande de pardon ou des excuses sincères ont la moindre valeur, et occupez-vous simplement de votre propre marge de liberté et de responsabilité : pansez vos plaies, pour retrouver un cœur aimant et des relations vraiment humaines avec tous et avec vous-même.

© Groupe Eyrolles

Méthode
de pardon n° 2

Le pardon radical de Colin Tipping

L'approche du pardon que propose Colin Tipping, à travers ses livres et les ateliers qu'il anime dans de nombreux pays, découle de son travail avec des personnes en fin de vie. L'échéance d'une mort prochaine conduit beaucoup de gens à souhaiter « mettre leurs affaires en ordre », comme on dit, et plus particulièrement à se libérer du fardeau de ressentiments et de situations non réglées qu'il leur reste encore en fin de vie. Ils ont envie de mourir en paix.

Du fait du peu de temps qu'ils ont devant eux – quelques mois, parfois quelques semaines seulement – il ne s'agit plus de tourner autour du pot, ni de diluer le travail ou de le remettre à plus tard. S'il doit y avoir pardon, c'est maintenant… ou jamais.

De cette contrainte de temps, Colin Tipping a fait un atout. En effet, elle lui permet de présenter à son public une approche effectivement radicale du pardon, que beaucoup de gens ne seraient pas prêts à envisager ou à accepter en temps normal. Précisons qu'aujourd'hui, la méthode Tipping est aussi enseignée à toutes sortes de public, et pas seulement à des personnes en fin de vie.

La clé de cette approche radicale est la croyance suivante que Tipping invite ses lecteurs ou interlocuteurs à adopter : il ne vous arrive rien d'injuste. Autrement dit, même les événements les plus douloureux qui ont ponctué votre existence faisaient partie de votre mission de vie ou de votre « contrat d'âme ». Dans cette optique, rien ne vous est jamais arrivé par malchance ou par hasard. Tout a un sens, une finalité, même si cela vous échappe et que votre ego est bien souvent incapable de le comprendre, et même si ces épreuves éveillent en vous des émotions très douloureuses.

Dès lors, selon Tipping, si tout a un sens, si rien d'injuste ne nous est jamais arrivé… il n'y a plus rien à pardonner non plus. J'ai besoin de

.../...

© Groupe Eyrolles

te pardonner seulement si je t'en veux, si je te juge, si je considère que ce qui m'est arrivé n'aurait jamais dû se produire, autrement dit si je suis en conflit avec ce que la vie m'impose. Si, en revanche, par un retournement de compréhension, j'en viens à comprendre et à accepter tout ce qui m'est arrivé, y compris de plus dramatique, alors je lâche prise, je cesse de lutter contre ma vie ou de la rejeter, j'accepte, et en abandonnant ainsi le lourd fardeau d'accusations – contre l'autre, contre moi-même, contre la Vie ou contre Dieu – que je portais, c'est le besoin même de pardonner qui est emporté avec, n'ayant plus de raison d'être.

Cette croyance, qui rejoint par certains côtés diverses notions orientales relatives au karma, n'est pas forcément facile à accepter pour tout le monde. Elle est même carrément inacceptable pour beaucoup, en particulier dans la culture occidentale moderne qui met en avant l'individu, son libre arbitre et sa capacité à contrôler sa propre vie, sans dieu ni maître. On en trouve pourtant l'écho chez des auteurs très en vogue aujourd'hui comme Don Miguel Ruiz : celui-ci raconte en effet dans *Au-delà de la peur* (voir bibliographie p. 155) avoir eu la même révélation un jour, à Teotihuacan (Mexique) : il n'arrive rien d'injuste dans le monde.

La compréhension d'une telle conception des choses demande un approfondissement sérieux des notions de justice et d'injustice, jusqu'à pouvoir entrevoir que certaines « injustices » apparentes, au niveau humain, servent en réalité une justice supérieure qui dépasse notre entendement et s'exerce à travers les injustices mêmes que nous croyons déceler. Il sortirait du cadre de cet ouvrage d'approfondir ces idées ici, mais j'encourage celles et ceux que cela interpelle ou intéresse de s'y essayer : au-delà de l'aide que cela peut apporter à la mise en pratique du pardon radical, cette réflexion peut conduire à porter un regard différent sur ce qui arrive dans nos vies individuelles et collectives.

© Groupe Eyrolles

.../...

Concrètement parlant, la pratique du pardon radical va donc comporter les quatre grandes étapes suivantes (on trouve sur le site anglais de Colin Tipping une fiche de travail en français, très détaillée, pour appliquer ce processus à ses propres épreuves) :

Raconter son histoire. Il s'agit de décrire en détail la situation qui a posé problème, le drame qu'on a vécu. Ce premier récit est généralement fait en posture de victime, en insistant sur les sentiments douloureux qu'on a éprouvés, par la faute d'autrui.

Ressentir les émotions. Dans cette seconde étape, la personne accepte ses émotions. En atelier, elle peut éventuellement les extérioriser (Colin Tipping utilise parfois une raquette de tennis et de gros coussins, pour que les gens puissent sortir leur rage et leur colère). L'individu prend également conscience que ses émotions sont les siennes : « Personne n'a le pouvoir de me faire ressentir quelque chose », précise la fiche de travail. Autrement dit, ce sont ma perception et ma compréhension des choses qui me font éprouver telles ou telles émotions.

Percevoir l'histoire autrement. C'est à cette troisième étape que s'opère le renversement de situation. L'idée est d'accepter que cet événement douloureux, que l'on reprochait jusqu'ici à son agresseur, faisait partie de notre propre chemin de vie. Conjointement, cela conduit à prendre conscience que notre état intérieur, selon Tipping, est essentiellement déterminé par notre propre déni, notre refus de la situation, par ce combat qu'on livre contre « ce qui est », c'est-à-dire ce qui nous est arrivé.

Recadrer l'histoire. « Je réalise maintenant que ce que je vivais (mon histoire version victime) était le reflet précis de ma perception limitée (humaine) de la situation. Je comprends que je peux maintenant changer cette réalité simplement en étant disposé(e) à discerner la perfection de cette situation », indique

.../...

© Groupe Eyrolles

la fiche de Tipping au début de cette dernière étape qui vise à réconcilier l'individu avec ce qu'il a vécu, à lui en faire adopter une nouvelle compréhension, c'est-à-dire une nouvelle histoire non victimaire, pour le conduire ainsi à un pardon qui englobe aussi bien l'autre que lui-même.

L'approche de Tipping a le mérite de permettre à l'individu de découvrir le seul espace de liberté que personne ne puisse jamais lui enlever et qui lui reste quand tout autre espoir est perdu : celui de transformer sa propre perception de ce qu'il a vécu et, par la même occasion, de transformer les émotions que ce vécu a engendrées. Comme le disait Ingrid Betancourt, ce que l'on n'arrive pas à pardonner, « ce n'est pas le mal qu'on nous a fait, c'est notre fureur de nous être mis en situation d'avoir si mal. Le pardon, ce n'est pas avec l'autre qu'il agit, c'est avec notre propre ego ». C'est ce combat contre la réalité que livre notre ego qui crée autour de soi une armure ou un rempart derrière lequel aucun pardon n'est possible. Et c'est justement ce déni, ce refus de la réalité, cette coupure d'avec sa propre vie, que la méthode Tipping — par ce qu'elle a justement de radical — peut permettre de réparer et de changer.

Parce qu'elle est radicale, précisément, cette approche convient prioritairement à des personnes qui sont elles-mêmes dans une situation tout aussi radicale, extrême, qu'il s'agisse de la fin de vie ou de la confrontation à des événements qui échappent tellement à leur emprise que seuls le lâcher-prise et l'acceptation peuvent leur permettre de composer avec et d'en distiller quelque chose de précieux. Elle peut également convenir à toute personne ayant de la facilité à passer d'un extrême à l'autre, à opérer des renversements intérieurs à 180°, à tout adepte de changements qui ne fait pas dans la demi-mesure.

Pour en savoir plus : www.radicalforgiveness.com

© Groupe Eyrolles

Si l'on a pardonné, il faudrait *oublier*

La question du juste rapport entre oubli et pardon a alimenté beaucoup de débats et suscité des réponses très contradictoires, dans lesquelles tout le monde ne se retrouve pas forcément.

Pour certains, comme le dit l'intitulé de ce sixième obstacle, une fois qu'on a pardonné, il faudrait oublier. En anglais, les deux verbes sont proches et donc fréquemment associés : *forgive and forget*, pardonne et oublie. Pour les tenants de cette position, si l'on n'oublie pas, c'est qu'on n'a pas vraiment pardonné, qu'il reste des rancunes, des choses non réglées. D'autres refusent cette solution qui leur semble intenable ou injuste. Ils veulent bien pardonner, mais oublier, certainement pas.

Ces deux positions sont illustrées par les deux exemples réels ci-après, le premier connu de tous, le second en revanche, pratiquement pas.

Depuis la Shoah, on invoque et l'on enseigne aux enfants à l'école le « devoir de mémoire ». Ne jamais oublier ce qui est arrivé, ce que les nazis ont infligé aux juifs. Le risque principal que comporte cette option, c'est d'entretenir en quelque sorte indéfiniment les plaies du passé et de ne jamais en permettre une cicatrisation complète et définitive.

Par contraste, il existe au nord de la Californie, une tribu amérindienne, les Yuroks, chez qui l'on trouve un « devoir d'oubli » d'une importance aussi grande, sinon supérieure. En effet, chez eux, lorsqu'un délit grave ou un crime a été commis, et qu'il y a eu ensuite reconnaissance et réparation, il est formellement interdit de l'évoquer à nouveau : la mention ultérieure de cet acte est même considérée comme un crime de même gravité qu'un meurtre. Cela revient à leurs yeux à déterrer symboliquement les morts.

Alors, devoir de mémoire ou devoir d'oubli ?

« Entre deux solutions, il faut choisir... la troisième » affirme justement un dicton juif plein de sagesse. La troisième solution consiste ici à savoir

© Groupe Eyrolles

quoi se remémorer et quoi oublier. Là encore, il faut faire preuve de discernement et de finesse. Par analogie, observons la distillation d'une plante aromatique dans un alambic : thym, sauge, romarin, comme vous voulez. Cette plante comprend certaines parties qui s'abîment et pourrissent, mais aussi des composés qui peuvent se conserver durablement. D'un côté, il y a la matière végétale, les tiges, les feuilles, les fleurs, etc. Cette matière, symboliquement parlant, c'est l'événement douloureux qu'on a vécu, la forme particulière et unique qu'il a revêtue. De l'autre côté, il y a la quintessence aromatique présente dans cette matière, l'esprit de la plante, c'est-à-dire les leçons qu'on peut en distiller pour obtenir une huile essentielle : c'est le sens vivant de l'événement, qui se conserve durablement, et qui peut à tout moment restituer son parfum, son message, et possède même des vertus thérapeutiques. Au terme de la distillation, la matière aromatique est jetée ou brûlée : on ne garde que l'huile essentielle ainsi obtenue.

Autrement dit, face aux événements douloureux de notre existence, tant individuelle que collective, nous pouvons choisir d'en distiller les leçons, la quintessence ; et simultanément laisser l'oubli faire son œuvre sur la forme particulière qu'ils ont revêtue à telle époque, dans tel contexte. Oublier la quintessence, les leçons que tel événement nous a apprises serait une faute. Mais conserver une plante morte, desséchée, à moitié pourrie, ne vaut guère mieux.

> **Face aux événements douloureux de notre existence, tant individuelle que collective, nous pouvons choisir d'en distiller les leçons, la quintessence ; et simultanément de laisser l'oubli faire son œuvre sur la forme particulière qu'ils ont revêtue à telle époque, dans tel contexte.**

Allons plus loin. Cette quintessence n'est pas propre à juste un seul spécimen de telle plante – un plant de romarin, un plant de sauge – mais à tous ceux de la même espèce, même si leur apparence extérieure peut beaucoup varier d'un plant à l'autre. Autrement dit, la leçon que

© Groupe Eyrolles

PEUT-ON TOUT PARDONNER ?

j'ai distillée d'un événement unique s'applique à des milliers d'autres, analogues. Ainsi, je ne retiens plus seulement de l'histoire qu'il ne faut pas s'en prendre aux juifs – ce qui est éminemment pertinent, mais encore trop limité – mais au-delà de ce cas particulier dont j'ai extrait l'essence même, je comprends que rien ne justifie de s'en prendre à un autre être humain, quelles que soient sa religion, sa nationalité, son ethnie ou sa race.

L'actualité montre cruellement combien on n'a pas retenu grand-chose de l'histoire, peut-être justement parce qu'on en a fossilisé les formes particulières, sans assez en distiller les graines riches de sens pour en ensemencer la conscience de chaque enfant. « On ne peut pas transporter une forêt de chênes », disait Omraam Mikhaël Aïvanhov, « mais on peut transporter un sac de glands avec soi. » L'histoire factuelle, avec ses dates à mémoriser par cœur, c'est la forêt de chênes ; ses leçons, les principes universels à en tirer, c'est le sac de glands.

Pour revenir au pardon, donc, vous pouvez à la fois pardonner, oublier un jour les détails spécifiques de telle situation douloureuse que vous avez vécue, tout en vous remémorant les conclusions générales que vous en avez tirées, qui s'appliquent à de nombreuses situations analogues. Cela vous permettra de vivre plus léger (pas de chênes à transporter), tout en conservant l'essentiel de ce que vous avez vécu, la quintessence que vous aurez patiemment distillée à partir de vos expériences de vie, y compris les plus difficiles.

C'est d'ailleurs l'exemple que donne la nature elle-même, qui sans cesse rejette et recycle les vieilles formes, tout en conservant indéfiniment l'information vitale dont elles sont porteuses, sous forme de graines et d'ADN. Gardez l'information (plutôt que la rancune), retenez les leçons et laissez le temps faire œuvre d'oubli sur la forme et la texture des événements : les voies du pardon vous seront ainsi plus faciles à parcourir sans fardeau inutile, mais sans amnésie mal placée non plus.

© Groupe Eyrolles

Le jour de l'an 1997, le mari de Katy Hutchinson, Bob, fut battu à mort alors qu'il surveillait une fête organisée par le fils de son voisin. Dans la petite ville de Squamish, en Colombie-Britannique, un mur de silence se construisit rapidement autour de ce meurtre. C'était quatre ans avant que Ryan Aldridge admette avoir porté le coup fatal. Ryan fut jugé pour homicide et condamné à cinq ans d'emprisonnement.

Katy Hutchinson

Moins d'une heure après le meurtre de Bob, j'étais à côté de son corps dans l'aile des urgences ; j'étais submergée par un sentiment de paix, sachant que là où Bob était désormais, il était bien plus en sécurité que là où il s'était rendu. Je rentrai ensuite chez moi annoncer à mes jumeaux de quatre ans, Emma et Sam, que leur papa était mort. Je les regardai dans les yeux et je sus que je ne pouvais pas accepter que leurs vies soient régies par la mort de leur père. Je leur fis la promesse, ainsi qu'à moi-même, qu'au-delà de cet évènement horrible, nous trouverions un présent à vivre.

Pour le reste de notre communauté, la loi du silence se mit en place cette nuit-là. Personne n'appellerait la police, personne ne se dénoncerait. Le meurtre m'avait dévastée, mais le silence de la masse aggravait la situation. J'allais finir par devoir quitter la ville.

Finalement, après quatre ans, Ryan Aldridge fut arrêté. Ce même jour, alors que je sortais du commissariat, je le remarquai sur un écran, seul dans la salle d'interrogatoire. Les policiers avaient laissé tourner la vidéo et je le voyais se décomposer. Je ne voulais pas l'abandonner.

Après son arrestation, les agents ont montré à Ryan une vidéo que j'avais faite pour lui, l'enjoignant à creuser au plus profond de lui-même afin de trouver le moyen de dire : « C'est moi qui ai fait cela ». Quatre années de silence, de haine et de peur s'évanouirent

© Groupe Eyrolles

quand il accéda à ma demande et avoua son crime. Ces mots sonnaient le début du processus de guérison pour nous deux. Il surprit ensuite les policiers en demandant à me rencontrer. Ainsi, moins de vingt-quatre heures après son arrestation, je me retrouvai face-à-face avec le meurtrier de mon mari. Tandis qu'il sanglotait, je ne pus m'empêcher de le prendre dans mes bras. Après le jour où j'ai donné la vie, ce fut sûrement le moment de ma vie où je me sentis le plus humaine.

Pendant que Ryan purgeait sa peine, je découvris un organisme incroyable appelé Initiatives pour la Justice dans la Communauté, qui fut en mesure d'organiser une réconciliation entre criminel et victime pour Ryan et moi. Cette rencontre eut lieu dans la prison et dura une grande partie de la journée : nous parlâmes de presque tout (de nos vies, de nos loisirs, nos familles). Durant cet entretien, j'avouai à Ryan que je lui avais pardonné.

J'ai pu pardonner à Ryan grâce à la profonde sympathie que j'éprouve pour sa mère. Je comprenais sa perte. Nous ne nous sommes pas encore rencontrées, mais nous nous écrivons et j'adore ses lettres. Pardonner n'est pas chose aisée. Prendre des tranquillisants et confier ses enfants à quelqu'un d'autre serait sûrement plus simple, mais je me sens le devoir de faire quelque chose de l'héritage de Bob. Je voulais raconter mon histoire pour contribuer à changer l'opinion des gens, et si possible je veux le faire aux côtés de Ryan. Je ne comprendrai jamais comment nos univers se sont rencontrés, mais il se trouve que c'est le cas, et étant donné que Bob ne peut plus apporter sa contribution à la société, peut-être que Ryan le pourra. Que notre position soit celle de victime ou de criminel, être véritablement humain revient à se retrousser les manches et à participer activement à la réparation des torts.

Emma et Sam m'ont entièrement soutenue dans mon choix de pardonner à Ryan, mais d'autres m'ont demandé : « Comment as-tu pu faire ça ? » Il a surtout fallu beaucoup de temps aux amis de Bob pour comprendre comment j'ai pu continuer à vivre ma vie.

© Groupe Eyrolles

Mais quelque chose s'est produit à sa mort et j'ai trouvé ma voie. Le pardon a été pour moi l'occasion de prendre un nouveau départ, plein d'espoir.

Ryan Aldridge

Le pardon de Katy est la chose la plus incroyable qu'on m'ait jamais offerte. Cela a changé ma vie. Il y a des problèmes tous les jours en prison : drogue, bagarre… Je n'y cède pas. Ma vie serait toujours remplie de haine et de violence sans Katy.

J'ai grandi dans une petite ville. J'ai été brutalisé étant petit et j'ai fini par traîner avec un groupe dont le style de vie m'impressionnait. Pour la première fois, je me suis senti accepté. À l'âge de 16 ans, nous avions commencé à boire, à prendre de la drogue et à faire la fête tout le temps.

Malheureusement, j'ai commencé à avoir des embrouilles avec la police locale et j'ai été impliqué dans trois accidents de voiture différents, tous liés à l'alcool. À côté de cela, la mort d'un bon ami dans un accident de voiture m'avait totalement dévasté.

Au Réveillon du jour de l'an 1997, un ami faisait une fête chez lui. Son père était absent. Il y avait plus de cent cinquante invités, et tellement de drogues et d'alcool tournaient que des bagarres ont éclaté. Quand un étranger a gravi le perron pour nous demander de tous partir, mon ami l'a frappé. Il est tombé au sol et je lui ai donné quatre coups de pied à la tête. Je suis ensuite allé à une autre fête, sans savoir que j'avais commis la pire erreur de ma vie.

> *Que notre position soit celle de victime ou de criminel, être véritablement humain revient à se retrousser les manches et à participer activement à la réparation des torts.*

Au fur et à mesure que l'enquête progressait, le secret qui entourait mon crime a commencé à me détruire. Je suis devenu dépressif et

© Groupe Eyrolles

introverti. J'aurais très bien pu me suicider si, après quatre années, je n'avais pas brisé le silence. Ma famille était dévastée.

Ayant admis ma culpabilité, j'ai voulu m'excuser de vive voix pour ce qui s'était passé. Ainsi, pendant l'heure qui suivit mon arrestation, j'ai écrit une lettre à Katy et ses enfants pour m'excuser de ce que j'avais fait. J'ai aussi demandé à un agent de police si je pouvais rencontrer Katy. J'avais entendu parler d'elle par les journaux, mais je ne me serais jamais attendu à son pardon. À sa place, je crois que j'aurais haï la personne ayant commis ce que j'avais fait.

La grande question que je me pose toujours est : « Pourquoi as-tu fait ça ? », et je n'ai toujours pas trouvé de réponse. Purger ma peine est relativement facile, comparé à la culpabilité avec laquelle je devrai vivre pour le restant de mes jours. Mais grâce au pardon de Katy, Emma et Sam, j'espère qu'un jour, peut-être, je pourrai me pardonner à moi-même.

Pour en savoir plus : www.katyhutchisonpresents.com

Katy a écrit un livre intitulé *Walking After Midnight : One Woman's Journey Through Murder, Justice and Forgiveness*. (Une balade après minuit : le parcours d'une femme à travers le meurtre, la justice, et le pardon).

Pardonner, ce serait
se réconcilier

Doit-il toujours y avoir réconciliation, s'il y a eu pardon ? L'une est-elle nécessairement la conséquence mécanique de l'autre ? Non, pas forcément. C'est une nuance de plus qu'il importe de saisir, car « l'obligation de se réconcilier » que redoutent certains, si jamais ils pardonnaient, peut représenter un obstacle de taille sur le chemin du pardon.

© Groupe Eyrolles

En faisant œuvre de pardon, j'assume la responsabilité de guérir les blessures de mon cœur. Je fais le choix de ne pas cultiver la haine qui me détruirait moi. Cela, c'est la part qui m'incombe, c'est le bout de chemin que je peux librement parcourir de mon côté.

Mais qu'en est-il de l'autre personne, de celle qui m'a fait du tort ?

A-t-elle pris conscience de ses actes, de ses fautes ? M'a-t-elle sincèrement présenté des excuses ? A-t-elle tenté de faire œuvre de réparation, d'une manière ou d'une autre ?

Ou, au contraire, campe-t-elle sur ses positions ? N'a-t-elle toujours rien compris, rien reconnu ? Ne serait-elle pas encline à se comporter de la même manière si l'occasion se présentait à nouveau ?

Pour se réconcilier, il faut être deux. Je peux faire moi-même la moitié du chemin. Au terme d'un certain travail intérieur qui me restaure la paix du cœur, je peux parvenir au point où je pourrais envisager une réconciliation possible avec celui qui m'a violenté. Encore faut-il qu'il fasse lui-même l'autre moitié du chemin, c'est-à-dire qu'il ait ses propres prises de conscience, une volonté de réparer, de s'amender, de changer. À défaut, une réconciliation est impossible ou serait une farce de mauvais goût, voire un acte de faiblesse ou d'inconscience : à quoi rime en effet de se réconcilier avec quelqu'un qui n'a pas bougé d'un iota et qui est susceptible de perpétrer les mêmes exactions, à n'importe quel moment ?

> **«** *S'il faut effectivement être deux pour se réconcilier, vous pouvez cependant faire le travail de pardon – de cicatrisation – tout seul. Vous pouvez pardonner sans vous réconcilier.* **»**

On comprend dès lors que certains se disent : « Si je dois aller faire copain-copain avec untel, sous prétexte que je lui ai pardonné, alors pas question que je pardonne ! » Sauf que cette articulation mécanique des deux n'est nullement obligatoire. Car s'il faut effectivement être deux pour se réconcilier, vous pouvez cependant faire le travail de pardon – de

© Groupe Eyrolles

cicatrisation – tout seul. Vous pouvez pardonner sans vous réconcilier. La réconciliation peut toujours intervenir plus tard (si l'autre fait ce qu'il faut pour), comme elle peut ne jamais s'avérer possible. En tous les cas, elle n'est jamais une obligation qui accompagne le pardon, ni son codicille incontournable. Ce sont deux choses différentes, certes liées, mais nullement indissociables.

En résumé : pardonner ne dépend que de moi ; se réconcilier dépend à la fois de l'autre et de moi-même.

Témoignage de Sylvie

« Je vivais, à 53 ans encore, profondément blessée par la décision que ma mère avait prise de pratiquer une IVG après ma conception. Cela n'avait pas réussi : j'étais restée. Mais l'amertume de la colère et l'aiguillon de la peur occupaient ma vie. Je cheminais tout de même vers l'objectif essentiel : la paix sur ma terre.

Durant le week-end Don du Pardon, j'ai choisi « par hasard » d'entendre un femme me témoigner son immense tristesse et sa profonde culpabilité de ne pas avoir voulu accueillir sa fille dans son ventre... qui allait pourtant naître. J'étais bouleversée... J'entendais le point de vue de ma mère et je ressentais une compassion infinie pour toutes les femmes sans désir de l'enfant qu'elles portent "au moment où ce n'est pas le bon moment".

Le lendemain, au moment de demander pardon aux personnes du cercle que nous formions, mon cœur s'est ré-ouvert en grand quand je me suis trouvée en face de cette femme magnifique, et je pleurais des larmes de joie intarissables.

Cette ouverture de cœur a apaisé mon mental durant plusieurs semaines... et c'était délicieusement reposant. Depuis je peux dire avec tendresse "ma maman chérie" comme si la petite fille confiante que je n'avais jamais été par le passé se ranimait.

Je suis heureuse de tout cela et j'en profite pour exprimer ma gratitude. »

© Groupe Eyrolles

Quand on confond la personne et l'acte

« Tom est méchant ! » s'écrie le petit Éric à propos d'un camarade qui refuse de lui prêter son jouet. Cette tendance à réduire une personne à tel ou tel de ses actes, et notamment les plus négatifs, est malheureusement loin de disparaître complètement à l'âge adulte. Il n'y a qu'à voir la facilité avec laquelle les gens se traitent les uns les autres de tous les noms d'oiseaux – en politique, dans les médias, au travail, partout – pour constater que les attaques *ad personam* restent monnaie courante. Au lieu de critiquer tel choix, telle décision ou tel acte d'un personnage politique, d'une célébrité ou de mon voisin de palier, je les juge eux-mêmes globalement, sans faire de détail.

Dans la pratique du pardon, cette confusion entre une personne et ses actes peut elle aussi représenter un obstacle important. Si, après avoir été licencié, j'affirme : « Mon patron est le dernier des salauds ! », j'occulte non seulement toutes les autres décisions qu'il a prises dans son entreprise depuis des années (qui ne sauraient toutes être mauvaises), mais également ce qu'il est en tant que père, que mari, ami et homme, dont j'ignore probablement tout. Ce n'est plus une personne que je me représente mentalement : c'est une caricature grossière, la manifestation vivante et grotesque d'un défaut, d'une tare qui m'obnubile entièrement. Les émotions douloureuses et violentes qui m'habitent – à juste titre – ont entièrement pris le dessus (à tort), je ne suis plus capable de la moindre objectivité ni d'aucun recul par rapport à cet individu : mon mental et ma réflexion sont hors circuit.

À l'extrême, s'il s'agit d'actes particulièrement malveillants ou criminels, on peut aller jusqu'à diaboliser totalement leur auteur. À ce stade, il n'y a même plus un être humain en face de soi, mais une incarnation du démon. En excluant ainsi l'autre de la notion même d'humanité, en faisant de lui un alien, un « autre » au sens le plus extrême du terme, il devient pratiquement impossible de cheminer vers le pardon.

© Groupe Eyrolles

Tout à l'inverse, comme le soulignent plusieurs des témoignages du Forgiveness Project, c'est en découvrant la personne entière derrière l'acte qu'on lui reproche qu'il devient possible de resituer son geste dans un contexte plus global, moins réducteur, et – sans le cautionner pour autant – d'en comprendre peut-être les tenants et les aboutissants. L'acte restera ce qu'il est, dans sa laideur ou son horreur, mais derrière lui se dessinera une personne complète, avec son humanité, son parcours, ses lumières et ses ombres.

Un acte peut être inacceptable, inexcusable même, mais ceux qui l'ont commis sont-ils pour autant impardonnables ? N'y a-t-il rien de commun entre eux et moi ? Suis-je bien certain de comment j'aurais agi, moi, si j'avais vécu leur vie, si je m'étais retrouvé dans la même situation ? Ne puis-je déceler en eux au moins une part d'humanité, de lumière, sur laquelle prendre appui pour ne pas les diaboliser tout entiers, ni me priver de toute chance de restaurer la paix dans mon cœur ?

> *Le pardon est une vertu dont l'exercice met en jeu à la fois le cœur et l'intellect. Le cœur seul ne suffit pas toujours. Tantôt il faut aimer les hommes pour les comprendre. Tantôt il faut les comprendre pour les aimer.*

Le pardon est une vertu dont l'exercice met en jeu à la fois le cœur et l'intellect. Le cœur seul ne suffit pas toujours. Tantôt il faut aimer les hommes pour les comprendre ; tantôt il faut les comprendre pour les aimer. Pour ne pas laisser l'émotionnel nous submerger et perdre tout discernement à l'égard de celle ou celui qui nous a fait du tort, la solution est d'élargir sa compréhension, de prendre du recul, de ne pas se limiter aux apparences, de mieux discerner la complexité des causes qui ont abouti à l'événement subi.

C'est donc le mental, ici, qui peut vous aider à opérer cette distinction entre l'acte et la personne qui l'a commis, vous permettre de considérer la situation dans une perspective plus large, vous arracher aux eaux

© Groupe Eyrolles

tumultueuses de vos émotions pour vous élever à une hauteur intellectuelle où les choses prennent davantage de relief et de nuances.

Attention : il ne s'agit pas, à l'inverse, de minimiser l'acte pour dédouaner son auteur. Il s'agit – une fois encore – de cumuler deux attitudes qui ne sont contradictoires qu'en apparence : parvenir simultanément à discerner et à condamner une action blessante ou criminelle, et conserver une vision globale et nuancée, en trois dimensions (profondeur incluse), de la personne qui l'a perpétrée. Des gens « très bien », comme on dit, commettent parfois des choses atroces. Ce serait évidemment beaucoup plus simple s'il y avait d'un côté des méchants qui ne font que de vilaines choses, et de l'autre des gentils qui font toujours le bien, sauf qu'on n'est pas dans un conte pour enfants, et que la vie réelle est infiniment plus complexe et plus paradoxale que cela.

À côté de l'empathie, de la magnanimité ou de la miséricorde, le pardon fait donc aussi appel à votre discernement, à votre capacité de recul et votre finesse de jugement. Il y faut à la fois le cœur et la tête.

Quand on ne voit que la *dimension personnelle* de l'acte

Dans le prolongement de l'obstacle précédent, celui-ci nous entraîne un peu plus loin dans la compréhension possible des événements douloureux que nous vivons, et donc dans les moyens qui s'offrent à nous pour pouvoir atteindre un jour le pardon. En faisant de nouveau appel à la réflexion, il s'agit d'apprendre à dépasser la seule dimension personnelle des actes dont vous avez été victimes, pour prendre également en compte leurs ramifications collectives, symboliques, transpersonnelles. Voyons cela de plus près.

© Groupe Eyrolles

Dans son best-seller mondial *Les Quatre Accords toltèques*[4], Don Miguel Ruiz dit, dans le deuxième accord toltèque : « Quoi qu'il arrive, n'en faites pas une affaire personnelle ». Pour beaucoup de gens, cette injonction vise à nous émanciper de l'opinion négative d'autrui : peu importe de quoi les autres me traitent, ce qu'ils disent de moi, je ne le prendrai pas personnellement. C'est un bon début, mais pour Miguel Ruiz l'application de cet accord va bien au-delà de cette première étape. « Si quelqu'un entre chez vous et vous tire dessus avec un fusil à pompe, n'en faites pas une affaire personnelle », dit-il. On croit rêver. Comment ne pas prendre ça personnellement ?

L'idée qui sous-tend cette recommandation surprenante, c'est qu'en réalité l'autre – les autres – ne me voit pas vraiment comme je suis. D'une part, comme l'enseigne la psychologie, nous servons les uns les autres d'écran à nos projections mutuelles : ainsi, je projette sur les autres mes propres défauts que je refuse de voir en moi. Et eux font pareil avec moi. C'est la vieille histoire biblique de la paille (dans l'œil du voisin) et de la poutre (dans le mien). D'autre part, qu'on le veuille ou non, nous représentons certaines choses aux yeux des autres : nous sommes pour eux des symboles vivants. Par exemple, en ce qui me concerne, je peux représenter diverses choses aux yeux de mon interlocuteur, selon sa sensibilité propre : un intellectuel, un Suisse (pour les Français), un Français (pour les Suisses), un Clerc, un grand (plus de 1 m 80), un homme, un père, un personnage public, un vieux (pour un ado), un jeune (pour un octogénaire), un membre de la classe moyenne, etc.

Cela veut dire que lorsque quelqu'un m'agresse, verbalement ou physiquement, ce n'est pas forcément juste moi – ma petite personne – à qui il s'en prend, mais tout ce que je représente à ses yeux, à ce moment-là, qu'il en ait ou non conscience. À travers moi, c'est peut-être sa haine contre tout ce groupe que je symbolise involontairement pour lui qui trouve un exutoire. Par exemple, vous et moi savons que lorsqu'un journaliste ou un otage français est exécuté dans tel pays étranger, c'est à la France que s'en prennent les terroristes à travers lui. Ça n'a rien de personnel. Dans cet exemple, la dimension non personnelle (ou collective,

---

4 Don Miguel Ruiz, *Les Quatre Accords toltèques*, Jouvence, 1998.

© Groupe Eyrolles

transpersonnelle) de l'événement est évidente. En revanche, elle l'est beaucoup moins dans les situations qui affectent le commun des mortels, mais elle n'en est pas moins présente, quoique de façon plus inconsciente, plus cachée.

Le mari quotidiennement humilié par sa femme représente peut-être pour elle l'Homme, avec un grand « H », et réveille en elle ses souffrances non cicatrisées avec divers hommes antérieurs de sa vie, à commencer par son propre père. Idem dans l'autre sens avec l'homme qui bat sa femme et dont l'essentiel de la violence, à travers elle, vise une cible différente, que ce soit les femmes ou certaines d'entre elles dont il a eu à souffrir autrefois. Chacun des individus singuliers que nous sommes représente malgré lui un ou plusieurs collectifs aux yeux des autres : les immigrés, les patrons, les sportifs, les riches, les profs, les enfants, les chômeurs, etc.

Un soir, au JT, le présentateur a annoncé un nouvel attentat en Israël. Un Palestinien s'était fait sauter avec une bombe dans un quartier peuplé. Une mère juive venait d'y perdre sa fillette de 7 ans. À chaud, malgré l'horreur absolue de la situation, cette femme en s'exprimant devant les caméras a aussitôt restitué l'abomination de son vécu personnel dans sa dimension collective : « À travers ce terroriste et à travers ma fille », a-t-elle souligné, « c'est une part de toute la tension accumulée entre Israël et Palestine qui s'est déchargée aujourd'hui ». Son témoignage m'a bouleversé. Car en élargissant ainsi – comme cette femme a su le faire – la compréhension de ce qui nous arrive, ce sont aussi les voies de pardon possibles qui s'élargissent du même coup.

Si je limite les violences que j'ai subies à une interaction purement personnelle entre mon agresseur et moi-même, les canaux par lesquels le pardon peut circuler un jour sont réduits à un seul : celui qui relie cette personne et moi-même. Si, en revanche, je discerne derrière mon agresseur la famille dont il est issu, le contexte social dans lequel il a grandi, les influences politiques, sociales ou religieuses qui se sont exercées sur lui, etc., et si – conjointement – j'ai conscience de tout ce que je peux représenter moi-même à ses yeux, par mon apparence et mes appartenances, alors à travers lui et à travers moi, ce sont deux collectifs entre lesquels peut circuler ce pardon d'une multitude de manières.

© Groupe Eyrolles

Chacun de nous est comme un bambou : sous la tige unique apparente se trouve un vaste réseau de racines souterraines, invisibles. Nous sommes reliés à d'autres, par de très nombreux liens, de multiples relations. Nous sommes enracinés dans un certain terreau social. Dès lors, ce qui nous arrive ne nous concerne pratiquement jamais nous seulement. Bien sûr, nous sommes personnellement atteints par ce qui nous arrive. Mais ne pas en faire une affaire personnelle, cela signifie laisser les choses circuler à travers soi : ne pas les garder, ne pas les retenir, ni dans un sens, ni dans l'autre.

Le mal qui m'atteint vise plus loin que moi, alors il est préférable que je ne le retienne pas en le prenant personnellement, que je le laisse me traverser comme le paratonnerre permet à la foudre de se décharger à travers lui dans le sol : il ne conserve pas cette tension phénoménale en lui. De manière analogue, ma perception de l'autre ne s'arrête pas à lui, à ce que j'en vois, mais elle le traverse aussi pour prendre en compte ses racines dont la sève le parcourt. Ce faisant, j'ouvre des voies en lui et surtout en moi, et cette ouverture que je préserve ainsi – là où la tentation face à la souffrance serait de tout fermer, tout bloquer – facilitera en son temps ce processus de cicatrisation qu'est le pardon. Inversement, si je ferme, c'est la congestion, c'est le caillot, c'est la coagulation, et plus rien ne circule ni ne vit en moi. Je retarde alors durablement cette résurrection de l'amour que peut représenter le pardon.

> **" Le mal qui m'atteint vise plus loin que moi, alors il est préférable que je ne le retienne pas en le prenant personnellement, que je le laisse me traverser comme le paratonnerre permet à la foudre de se décharger à travers lui dans le sol : il ne conserve pas cette tension phénoménale en lui. "**

Nous sommes actuellement les tristes héritiers d'une vision très matérialiste et limitée de ce qu'est la nature humaine, même si les avancées de la biologie, de la psychologie et de la physique de ces cinquante dernières années ont mis à mal cette vision pour en élaborer une beaucoup plus

© Groupe Eyrolles

complète, qui n'atteindra sans doute le grand public et l'éducation nationale que dans quelques années. Cette perception individualiste et étriquée que nous avons de nous-mêmes, où chacun semble être une entité isolée et indépendante des autres, nous prive d'une compréhension plus large et plus juste de ce que nous sommes vraiment, et, par conséquent, complique singulièrement le chemin de pardon que certains tentent malgré tout d'emprunter[5].

Dans une forêt, si vous ne regardez que les troncs, vous aurez l'impression d'une multitude d'arbres isolés les uns des autres. Toutefois, tant au niveau de leurs racines souterraines que de leurs branches dans le ciel, ces arbres sont étroitement reliés : leur séparation n'est qu'illusoire. À travers eux, c'est le Ciel et la Terre qui échangent leurs énergies mutuelles de multiples façons.

Cette image peut vous servir de support pour imaginer que vous aussi, derrière votre apparente séparation, votre individualisme et votre isolement, vous êtes beaucoup plus étroitement reliés les uns aux autres qu'on ne vous l'a appris. Par conséquent, ce qui vous affecte, ce qui vous traverse, concerne bien plus que votre seule petite personne, aussi douloureux cela puisse-t-il être parfois. Cette prise de conscience, à développer et à cultiver[6], sans pour autant minimiser ni supprimer les souffrances que nous pouvons connaître, peut indiscutablement nous en donner une compréhension beaucoup plus profonde, qui elle-même ouvrira de nouvelles voies pour accéder au pardon libérateur.

© Groupe Eyrolles

---

5   Voir *La métaphore des deux nuages*, en bonus p. 137.

6   Je recommande en particulier les ouvrages de Rupert Sheldrake qui ont mis en évidence de manière fascinante ces liens insoupçonnés existant non seulement entre êtres humains, mais dans les mondes minéral, végétal et animal également. Ses travaux ont été repris par de nombreuses disciplines, depuis trente ans.

Méthode de pardon n° 3

Ho'oponopono :
l'approche hawaïenne du pardon

À l'origine, le Ho'oponopono (un terme qui peut être traduit par « rétablir l'équilibre » ou « remettre les choses en ordre ») était une pratique hawaïenne collective, conduite sous la guidance d'un prêtre guérisseur.

À l'époque moderne, cette méthode a connu plusieurs évolutions successives. Morrnah Simeona (une guérisseuse reconnue à Hawaï) l'a faite évoluer vers un outil que l'on peut utiliser seul, individuellement. Elle y a également introduit diverses notions empruntées à ses racines chrétiennes et à ses lectures orientales.

Dans un second temps, c'est le Dr Hew Len (ancien étudiant et administrateur de Morrnah Simeona) qui l'a véritablement popularisée sous la forme qui s'est aujourd'hui propagée dans le monde entier, notamment *via* le livre *Zéro Limite* de Joe Vitale… (dont le Dr Hew Len s'est par la suite fermement démarqué).

Sans entrer dans des querelles de clocher, on retiendra d'abord que cette méthode très simple fait appel aux quatre formules suivantes : « Je suis désolé. Je te demande pardon. Je t'aime. Merci », dont on trouve aussi diverses variantes très proches comme « Désolé. Pardon. Merci. Je t'aime ». Cette quadruple formule fait appel à quatre qualités :

1. **La responsabilité, d'abord** : dire « Je suis désolé », c'est reconnaître sa part de responsabilité dans ce qui est arrivé. Responsabilité, et non culpabilité, je souligne.

2. **Le pardon ensuite** : « Je te demande pardon », dont on relèvera justement que c'est aussi une demande en pardon, et non l'acte de pardonner.

…/…

© Groupe Eyrolles

3 **L'amour, en troisième** : « Je t'aime », qui vient naturellement après le pardon, la « résurrection de l'amour », comme nous l'avons défini.

4 **La gratitude, pour conclure** : « Merci », qui est l'expression naturelle d'un cœur guéri. J'aime à dire que si le pardon est la guérison du cœur, la gratitude est le chant du cœur.

Le récit fondateur de la version moderne d'Ho'oponopono (ou sa légende, peu importe) veut que le Dr Hew Len ait réussi à vider toute une aile d'un hôpital psychiatrique dans laquelle étaient internés des criminels, rien qu'en utilisant la répétition de cette formule, seul, sans même rencontrer ces détenus. Pour le Dr Hew Len[7], en effet, chacun est totalement responsable non seulement des actions qu'il commet lui-même, mais aussi de celles d'autrui. Il écrit : « Le problème n'est pas la réalité extérieure, il est à l'intérieur ; et pour la changer, on doit se changer soi-même. […] Lorsqu'on assume la responsabilité de sa vie, on est totalement responsable de tout ce que l'on voit, entend, ressent ou apprend de quelque manière, puisque cela fait partie de notre propre perception de la vie. »

> **" Si le pardon est la guérison du cœur, la gratitude est le chant du cœur. "**

Face aux agissements négatifs d'autrui, le principe d'Ho'oponopono consiste donc à travailler sur soi-même, à se libérer des jugements, des accusations et des émotions négatives que son comportement éveille en soi, par résonance. L'idée sous-jacente est que l'humanité est fondamentalement une : si je me change moi-même, je transforme aussi les autres. Plutôt que de rejeter la faute sur autrui, de me

.../...

© Groupe Eyrolles

---

7 Du moins dans les propos que lui prête Joe Vitale, dans *Zéro limite*.

poser en juge ou en victime, j'assume ma part de responsabilité et je me libère moi-même, je nettoie en moi tout ce qui entre en résonance avec les mauvais agissements d'autrui. Un travail qui serait susceptible, comme dans le récit fondateur du Dr Len, d'avoir un impact sur les autres aussi, même si l'utilité première d'un travail sur le pardon – à mes yeux – est d'abord de se libérer soi-même de l'étau de la haine et du poison du ressentiment.

Pour ma part, j'ai beaucoup utilisé « Je suis désolé, je te demande pardon, je t'aime, merci » comme un mantra, sans pour autant éprouver la nécessité d'adhérer aux diverses croyances qui sont venues se greffer sur cette pratique aussi simple que puissante, au fil des cinquante ans passés. Et j'ai pu maintes et maintes fois en constater l'efficacité probante et le profond pouvoir transformateur. Que cette méthode puisse avoir un effet bénéfique sur autrui, c'est tout à fait possible, c'est même assez probable. Toutefois, il me semble que l'essentiel, pour qui la pratique, est avant tout d'en apprécier l'effet thérapeutique sur soi. Tout en étant absolument convaincu de notre interdépendance, et de l'impact positif sur les autres de ce que chacun entreprend pour s'améliorer lui-même, je fais preuve d'une grande prudence face aux dérives possibles – et très réelles ! – vers ce qu'on nomme la « pensée magique », avec le risque de retour d'une version cachée et insidieuse de la toute-puissance infantile : « Je contrôle tout par mes pensées, mes sentiments, mes intentions ; je suis responsable de tout ; c'est moi qui crée tout ; etc. ».

La pratique d'Ho'oponopono est indubitablement efficace, sans qu'il soit obligatoire d'adhérer à certaines croyances qu'elle ne comportait d'ailleurs pas à l'origine. Comme l'ont fait et Morrnah Simeona et le Dr Hew Len, chacun à leur manière, vous pouvez vous aussi vous approprier l'essence de cette magnifique méthode et l'adapter à votre propre philosophie, à vos croyances, sans nécessairement les troquer contre d'autres.

.../...

© Groupe Eyrolles

À l'heure où sont devenus populaires de nombreux mantras hindous et tibétains, qui sont effectivement très beaux, puissants et efficaces (comme le fameux *Om mani padme hum*), j'aime à rappeler que nombre de prières et formules en français, issues de traditions diverses, anciennes ou contemporaines, ont elles aussi un effet extrêmement profond, si on les répète inlassablement et en conscience ! « Je suis désolé, je te demande pardon, je t'aime, merci » ou « Désolé, pardon, merci, je t'aime » sont eux aussi des mantras très puissants, ou tout au moins peuvent-ils être utilisés comme tels, pour le plus grand bénéfice de celui qui s'y applique.

Pour en savoir plus : www.mercijetaime.fr

Quand on veut
comprendre tout de suite
ce qui nous arrive

Avec ce dixième obstacle, nous pénétrons plus en profondeur dans ce qui peut se passer en nous, le plus souvent à notre insu, lorsque nous subissons une épreuve, une injustice ou une agression. La compréhension de ces mécanismes psychologiques inconscients peut vous aider non seulement à les conscientiser, mais à en changer pour ne plus en subir les rouages destructeurs.

Je vais prendre un exemple concret pour illustrer mon propos. À 57 ans, George est brutalement licencié de son emploi dans un cabinet d'ingénieurs de Lausanne, où il travaille depuis trente ans. À l'époque, comme

© Groupe Eyrolles

le permettait le droit suisse du travail, et malgré ses années de bons et loyaux services, il n'a bénéficié d'aucune indemnité de licenciement. Départ sec !

Vous imaginez le genre d'émotions que peut susciter un tel bouleversement dans une vie. Tout y est passé : la colère (contre ses patrons et contre lui-même), la peur (devant l'avenir incertain), l'abattement, la déception de ne même pas avoir pu transmettre son expérience à celui qui allait le remplacer pour la moitié de son salaire.

À ces deux premiers niveaux – les faits (son licenciement) et les émotions qu'il éprouve – s'ajoute ensuite un troisième : la compréhension intellectuelle de la situation, c'est-à-dire le sens que son mental va tenter d'y donner. Sous le coup des émotions, à chaud, son intellect trouve aussitôt une explication qui justifie son ressenti : « Mon patron est un salaud », « Le destin s'acharne sur moi », « La vie est injuste », « Je suis une victime », « Je suis nul », etc.

Rapidement, George s'est donc créé ce que le Dr Fred Luskin[8] appelle un « récit de doléances » : c'est l'interprétation que nous faisons à chaud d'une situation douloureuse, que nous raconterons ensuite à notre entourage, et que nous nous répéterons continuellement dans notre tête, jusqu'à nous identifier à elle et nous enfermer dedans. George devient « le monsieur qui s'est fait virer à 57 ans de son boulot, sans indemnités de licenciement ». Dès qu'il rencontre une nouvelle personne, il ne faut pas un quart d'heure avant qu'il réussisse à glisser dans la conversation, « Vous ne savez pas quoi ? Il y a un an (5 ans, 10 ans…), j'ai été licencié de mon travail, etc. »

Où est le problème, vous demandez-vous peut-être ?

Le problème, c'est que ce récit de doléance est une interprétation possible de ce qui lui est arrivé, une explication possible des événements, mais ce n'est certainement pas la seule. De plus, elle n'est même pas forcément vraie : elle est plus probablement partielle, partiale et biaisée par ses émotions.

---

8 Fred Luskin, *Pardonner pour de bon*, Fides, 2008.

© Groupe Eyrolles

Le problème, aussi, c'est qu'en croyant à cette interprétation échafaudée à chaud, sans prendre le temps d'en chercher d'autres, Georges la rend vraie pour lui-même et s'enferme ainsi dans un cocon tissé de noires pensées et soudé par ses émotions négatives : il se coupe ainsi de la réalité et ferme les portes à toute évolution possible de sa situation.

Ses émotions se retrouvent enkystées dans son histoire, elles forment un abcès émotionnel malsain, et le pardon – la guérison de cette blessure – est d'autant plus difficile à trouver.

Dans cette histoire, il a fallu trois ans à George pour rebondir. Trois ans de dépression, de colère, de haine, de doute et de désespoir, avant qu'il saisisse l'opportunité de se mettre à son compte. Cette décision lui a alors permis de développer des ressources personnelles qu'il ignorait posséder. Il a tellement pris goût à sa nouvelle vie d'indépendant que, quelques années plus tard, il disait à qui voulait l'entendre que : « Me faire virer à 57 ans, c'était la plus belle chose qui pouvait m'arriver dans la vie » ! Il avait totalement changé de regard, changé de compréhension et d'inter-prétation de la même situation, des mêmes événements.

Qui d'entre nous n'a pas connu cela ?

Ne vous est-il pas arrivé au moins une fois dans la vie de vivre un événe-ment douloureux, dramatique, parfois même traumatisant, qui repré-sentait sur le moment une catastrophe absolue, la pire calamité... mais dont les développements et conséquences ultérieures vous ont ensuite conduits à y voir une véritable bénédiction déguisée ?

Plus vous cédez à la tentation de vouloir comprendre un drame à chaud, sous le coup de l'émotion, plus vous risquez d'échafauder une explication simpliste, binaire (les autres ont tort, c'est moi qui ai raison, je suis une victime), et plus il sera ensuite difficile de dissoudre ce récit de doléance et de guérir le kyste émotionnel qu'il abrite. Il vous faudra alors parcourir un long chemin avant de parvenir au pardon et à la paix du cœur.

Inversement, si vous arrivez à suspendre votre interprétation sur le moment, à prendre le temps d'encaisser le choc, à laisser les émotions vous traverser et finir par s'épuiser, sans les justifier ni les amplifier par une explication intellectuelle élaborée sans recul ; mieux encore, si vous

© Groupe Eyrolles

parvenez à caresser l'idée – conforme à divers enseignements spirituels – que ces événements douloureux peuvent avoir une finalité positive, même si elle est impossible à concevoir à chaud, alors tout reste ouvert à l'intérieur de vous, au lieu de s'enkyster. Du coup, quand les émotions s'apaisent, quand le temps écoulé vous procure un certain recul par rapport à la situation vécue, une ou plusieurs manières de comprendre le sens de ce qui vous est arrivé peuvent émerger, qui seront moins biaisées, moins partiales, moins conditionnées par un émotionnel débridé. Et vos chances d'arriver un jour au pardon en seront démultipliées du même coup.

L'idée, ici, comme nous en avons déjà parlé précédemment, est d'arriver à découpler le cœur et le mental. À laisser le premier éprouver toutes les émotions que peuvent provoquer des situations inattendues, conflictuelles ou violentes, tout en suspendant notre jugement, notre compréhension intellectuelle des événements, le temps que les eaux soient redescendues, symboliquement parlant, et que l'on commence à y voir un peu plus clair.

> *Dans un nombre important de cas, ce n'est pas tant ce qui est arrivé qui vous empêche de faire œuvre de pardon, mais plutôt ce que votre cœur et votre mental ont fait de cette situation. C'est le récit de doléances qu'ils ont concocté inconsciemment ensemble.*

Dans un nombre important de cas, ce n'est pas tant ce qui est arrivé qui vous empêche de faire œuvre de pardon, mais plutôt ce que votre cœur et votre mental ont fait de cette situation, comme le relevait Ingrid Betancourt pour elle-même. C'est le récit de doléances qu'ils ont concocté inconsciemment ensemble. C'est ce kyste émotionnel qui s'est développé en vous, par manque de conscience du fonctionnement de ce couple intérieur qui secrète sentiments et pensées jusqu'à vous enfermer dedans.

Nous ne pouvons pas changer les faits : ce qui est arrivé est arrivé. Point. De même, on peut difficilement modifier les émotions que ces

© Groupe Eyrolles

faits déclenchent en nous : c'est possible, mais il faut un sacré chemin d'évolution personnelle pour transformer sa manière de réagir aux événements. Notre plus grande marge de liberté et d'action, donc, réside dans le troisième étage, au niveau mental, intellectuel : apprendre à voir une même situation sous plusieurs angles différents, chercher de possibles conséquences positives même à ce qui nous semble le plus douloureux sur le moment, refuser l'interprétation unique, le récit unique. C'est précisément le rôle d'un intellect entraîné que de conserver cette pluralité de visions, en l'absence de laquelle il n'y a aucune réelle liberté de pensée. Toutefois, ce n'est pas face aux situations les plus dramatiques que vous pouvez la développer : c'est face aux petites vexations quotidiennes, aux contrariétés mineures de la journée, à des conflits sans gravité ou des contretemps relativement banals, que vous pouvez entraîner ce « muscle-là », vous amuser – même l'humour peut s'en mêler ! – à regarder un événement sous plusieurs angles, et surtout prendre l'habitude de ne pas laisser votre mental être submergé et asservi par vos émotions.

S'entraîner de cette façon-là – comme d'autres s'entraînent à un art martial – peut vous permettre d'acquérir des capacités étonnantes d'autodéfense contre vos propres mécanismes inconscients, qui constituent bien souvent des freins majeurs non seulement au pardon, mais au bonheur, à une vie épanouie, à des relations saines avec les autres et avec soi-même[9].

Si les faits (ce qui est arrivé) dictent mes émotions, et si mes émotions déterminent ensuite ma façon de penser et de comprendre la situation, où se trouve ma liberté ? Je n'en ai aucune ! Tout est automatique, mécanique et inconscient. Or pardonner, c'est justement retrouver la liberté d'aimer. La conquête de cette liberté passe par la prise de conscience de votre propre fonctionnement, par la décision d'en changer et par la mise en pratique régulière d'autres relations entre votre cœur et votre tête, jusqu'à ce que ces nouvelles habitudes choisies aient pris le dessus sur les anciennes. C'est un chemin de conscience, d'action et d'émancipation.

---

9 J'ai développé plusieurs outils pour travailler dans ce sens dans mes livres *Mettre de l'ordre en soi* (Trédaniel, 2012) et *J'arrête de (me) juger* (Eyrolles, 2014).

© Groupe Eyrolles

Témoignage de Patrick

« J'ai vécu l'atelier Don du Pardon en 2012. Ce fut un moment d'une rare authenticité, suivi d'une intensité libératrice que les mots seuls ne peuvent exprimer. Personnellement, je l'ai vécu comme un chemin au bout duquel se trouve une porte, la porte du pardon. Arrivé devant, j'ai naturellement frappé pour qu'elle s'ouvre. Et à ma grande surprise, la porte s'est ouverte parce que j'étais prêt. Entendez prêt avec mon cœur, pas avec ma tête. Car la porte du pardon, c'est comme ouvrir la porte de son cœur verrouillée depuis l'intérieur, dont moi seul ai la clé depuis toujours, sans le savoir.

Quand, inconsciemment prisonnier de mes actes, de mes pensées, de mes paroles, je me suis enfermé durant ma vie, cet outil merveilleux vient me faire prendre conscience non seulement de mon enfermement, de mon isolement, mais aussi de chaque instant où la vie en moi s'est figée, cristallisée au lieu de pouvoir la laisser circuler librement.

Dans mon expérience personnelle, chaque fois que mon regard croisait celui de quelqu'un d'autre en lui demandant pardon, une même et intense énergie – qu'aujourd'hui je qualifierais de Grâce – est venue nous percuter, nous laver, nous purifier à travers des larmes en flux continu. J'ai cessé de vouloir comprendre, pour pouvoir accueillir ce moment d'intense partage entre tous les participants de l'atelier, dans un silence quasi religieux, une beauté qui touche à notre humanité que je ne suis pas prêt d'oublier.

J'ai gagné en humanité en vivant cet atelier. Si Dieu dort dans la pierre, s'éveille dans la plante, va dans l'animal et ressuscite dans l'être humain (proverbe hindou), ce week-end m'a permis d'accoucher d'une partie de mon humanité au travers de ma responsabilité à laisser circuler désormais l'amour ou la vie de manière consciente.

Il s'agit d'un rituel, donc le travail ne s'arrête pas à cet atelier. Comme le dit si bien Jaques Salomé (célèbre psychosociologue et écrivain français) : "Ce que je dis m'appartient, ce que vous entendez vous appartient, et ce que vous en faites est de votre responsabilité". Une responsabilité m'habite donc à transmettre ce cadeau un peu plus loin aujourd'hui, à ma manière. »

© Groupe Eyrolles

Pardon et *orgueil*

Dans cette énumération des obstacles au pardon, il me paraît nécessaire d'aborder la question de l'orgueil, souvent considéré comme l'un des plus importants. L'orgueil peut effectivement nuire à un véritable travail de pardon, mais il peut le faire de trois manières différentes, comme on va le voir, qui impliquent des ajustements distincts.

Dans sa manifestation la plus courante, par rapport au pardon, l'orgueil est cette posture qui consiste à être certain de son bon droit, à regarder l'autre de haut, à se sentir supérieur à lui, à s'estimer en mesure de le juger, fût-ce de manière impitoyable, à ne vouloir rien lâcher, rien concéder. « Pardonner ? » dit l'orgueil dans ce cas : certainement pas ! Il (elle) ne le mérite pas. Je ne lui ferai pas ce cadeau. Ce n'est même pas que je ne peux pas (certaines personnes voudraient pardonner, mais n'y arrivent pas) : je ne le veux pas. Je m'y refuse. L'ego en moi formule un non catégorique, implacable.

À la lumière de ce que nous avons vu précédemment, c'est de l'ignorance qui se cache derrière cet orgueil-là. La personne qui adopte cette posture ignore qu'en se comportant ainsi, c'est elle-même qu'elle pénalise en premier : c'est elle-même qu'elle empêche de guérir, d'aimer, de vivre pleinement. Elle croit peut-être se défendre. Elle se sert de son orgueil comme d'une armure, d'un rempart, d'une distance de protection avec son agresseur. Ou peut-être espère-t-elle même nuire à l'autre en lui refusant son pardon ?

Cette posture perd à la fois sa raison d'être, sa logique et sa pertinence apparentes, sitôt que l'on comprend que c'est sa propre guérison qui est en jeu, sa propre paix intérieure. L'orgueil nuit bien plus à qui le manifeste qu'à celui contre qui on le dirige. Le manque de pardon aussi. C'est une forme d'aveuglement spirituel : croire qu'en me fermant, en me blindant, en refusant le pardon, en me drapant dans mon bon droit, en me transformant en juge intransigeant, je vais pouvoir atteindre les objectifs auxquels j'aspire : à savoir la justice pour mon agresseur, et la paix retrouvée pour moi-même.

© Groupe Eyrolles

Ce premier orgueil issu de l'ignorance peut, je le crois, être désamorcé par la nouvelle compréhension de ce qu'est le pardon, développée dans ces pages.

La seconde forme d'orgueil qui peut compliquer la tâche du pardon est plus subtile, moins évidente à discerner. C'est ce que j'appelle le « pardon-orgueil » : j'entends par là la posture qui consiste à déverser son pardon sur autrui, depuis sa tour d'ivoire, avec une magnanimité qui n'est que condescendance. C'est un pardon purement mental, où le cœur n'intervient pas. Il peut même masquer une forme de prise de pouvoir sur autrui.

Ce pardon-là est un leurre, une illusion. Il ne guérit ni qui le donne, ni qui le reçoit.

Il n'y a de pardon véritable que dans l'humilité. Je dirais même que l'humilité est sans conteste l'une des clés essentielles de l'exercice du pardon, et que la difficulté à pardonner que l'on éprouve parfois tient en grande partie à cette humble posture qu'il est nécessaire d'adopter. Lâcher prise, lâcher ses jugements, remplacer cette crispation mentale intérieure qui bloque tout, par le « par-don ». Je le redis, « humilité » vient d'« humus », la terre, comme « humain ». Dans le pardon, vous découvrez cette attitude qui consiste à déposer à terre le lourd fardeau de jugements et d'accusations qui vous écrase vous-même. Vous n'êtes plus dans votre tour d'ivoire : vous êtes au niveau du sol, au même niveau que les autres, sur pied d'égalité avec eux. Et, redisons-le aussi, ce pardon-là, avec cette humilité-là, n'empêche pas le discernement qui peut vous conduire à faire appel à la justice et à des sanctions à la hauteur de la gravité des faits concernés.

Il y a donc un orgueil qui bloque toute forme de pardon, mais il y en a un autre qui se mélange à lui et en pervertit la nature, au point qu'il n'a plus aucune efficacité thérapeutique et ne guérit rien : sous l'apparence fictive de la guérison, la plaie est toujours là.

Enfin, il existe une troisième et dernière forme d'orgueil, rarement reconnue comme telle, d'ailleurs, qui fait surtout obstacle au pardon envers soi-même. Cet orgueil-là se dissimule sous une posture de

© Groupe Eyrolles

dénigrement total de soi : « Je suis tellement coupable, je suis tellement mauvais(e), tellement minable, que je ne mérite pas d'être pardonné(e) ». Ceux qui cultivent de tels sentiments et pensées s'imaginent – au prétexte qu'ils se font tout petits – faire preuve d'une grande humilité, en se ratatinant de la sorte. En réalité, c'est tout le contraire : derrière cette posture d'auto-anéantissement se cache un juge orgueilleux, sûr de lui, impitoyable et implacable. Ce juge se met au-dessus de tout : au-dessus de la justice des hommes, au-dessus de la vie, au-dessus de Dieu lui-même ! Réfléchissez-y : n'est-ce pas un orgueil extraordinaire que de se croire plus apte à se juger soi-même que toute instance humaine, naturelle ou divine ? Pour qui se prend ce juge-là ? D'où croit-il tenir le pouvoir qu'il exerce avec tyrannie sur nous-mêmes ?

« La modestie est l'orgueil des faibles », disait un sage qui opposait cette attitude faussement humble à la véritable humilité. Sortir de cette posture factice et retrouver l'humilité vraie que nécessite le pardon exige d'avoir assez de lucidité et d'honnêteté pour reconnaître ce qui se passe en soi et décider de détrôner ce juge tyrannique.

Trois manifestations différentes d'orgueil, donc, qui peuvent entraver ou parasiter l'exercice du pardon, mais au final un même remède à chaque fois : l'humilité. Comment définir cette vertu, d'ailleurs ? Peut-être simplement comme la conscience qu'existe quelque chose (ou quelqu'un) de plus grand que soi : Dieu, la vie, la nature,

> **Il y a un orgueil qui bloque toute forme de pardon, mais il y en a un autre qui se mélange à lui et en pervertit la nature, au point qu'il n'a plus aucune efficacité thérapeutique et ne guérit rien.**

le grand ordre des choses, selon les croyances de chacun. Être humble, c'est savoir que l'on n'est pas soi-même l'instance la plus élevée habilitée à juger les autres et soi-même. C'est savoir s'en remettre à plus grand que soi. C'est par cette ouverture à ce qui nous dépasse que le courant coupé par l'orgueil se rétablit et que le pardon peut se manifester à travers nous.

© Groupe Eyrolles

Récit de Yulie Cohen
(Israël)

À l'âge de 22 ans, Yulie Cohen travaillait comme hôtesse de l'air pour la compagnie El Al quand, en 1978, elle a été touchée lors d'une attaque terroriste à Londres ayant fait une victime et de nombreux blessés. Deux années auparavant, elle avait été officier de l'armée israélienne à l'époque du raid dans l'aéroport d'Entebbe, en Ouganda, qui avait fait trois morts parmi les otages et plusieurs victimes dans les rangs des soldats, abattus par les terroristes. Plus de vingt ans plus tard, elle a écrit au Ministère de l'Intérieur britannique afin que soit libéré le tireur qui l'avait blessée lors de l'attaque de l'avion de la compagnie El Al.

Je ne suis pas née pacifiste. J'avais 10 ans quand la guerre de 1967 a commencé et qu'Israël a été menacé d'éradication. J'ai toujours eu envie de faire mon service militaire pour défendre mon pays. Je n'ai jamais douté que nous étions dans notre bon droit et il me tardait de faire mes preuves dans un métier d'homme.

Mais ce fameux jour, quand j'ai été atteinte par une balle tirée par un terroriste palestinien à Londres, il ne m'est pas venu en tête que c'était un ennemi. J'ai compris que lui et moi n'étions qu'un petit chaînon d'une histoire plus complexe. Ma grand-mère parlait arabe : comment les Arabes pouvaient-ils être « nos ennemis » ?

Malgré tout, après avoir obtenu mon diplôme universitaire, j'ai rejoint une nouvelle fois les rangs de l'armée, cette fois-ci en tant qu'attachée de communication. C'est grâce à mes activités de journaliste que j'ai commencé à y voir plus clair et à mettre le doigt sur les mythes et mensonges racontés par mon propre gouvernement. C'est là que j'ai commencé à douter des choix que notre nation avait faits et de notre politique d'agression continuelle.

Mes parents étaient de fervents sionistes, mais mon frère n'était pas du tout en accord avec eux. À l'âge de 17 ans, ne supportant plus

© Groupe Eyrolles

l'opposition entre les idéaux de sa famille et la réalité de la vie en Israël, il a effectué un virage à 180° et est devenu juif orthodoxe. Il est à noter que plus nos parents le provoquaient, plus il devenait extrémiste.

En 1948, Israël a fait une guerre juste : il nous fallait une patrie pour les juifs. En 1967, nous avons dû la défendre. En 1973, on nous a imposé une guerre. Mais c'est ensuite que la situation a vraiment commencé à se dégrader. En 1978-1979, nous étions en paix avec l'Égypte, mais nous avons oublié de changer de disque. Nous avons continué comme si nous étions toujours en guerre, alors que ce n'était pas le cas. La vérité – la réalité – ne nous a pas été dite. La Jordanie a fait la paix avec nous. L'Égypte, le Liban et la Syrie ont tous voulu nous aider à résoudre le conflit avec les Palestiniens. Mais non, il nous a fallu continuer de considérer qu'ils étaient nos ennemis et que nous étions les victimes.

Cependant, il m'a fallu attendre 1989 pour avoir les idées vraiment claires. Je me suis liée d'amitié avec un déporté palestinien et j'ai commencé à me rendre compte que nos soi-disant ennemis n'étaient que des gens normaux, comme lui. Je me suis mise à étudier l'histoire des Palestiniens, ainsi que la mienne ; il y avait tant d'informations qui me manquaient et qui m'ont alors permis de comprendre.

> **« *Je me suis liée d'amitié avec un déporté palestinien et j'ai commencé à me rendre compte que nos soi-disant ennemis n'étaient que des gens normaux, comme lui.* »**

La compréhension est le point de départ. Sans cela, on ne peut pardonner. Il est facile de faire subir un lavage de cerveau aux jeunes : qu'il s'agisse de les enrôler dans l'armée ou d'en faire des terroristes, on les utilise pour résoudre des intérêts d'État, qui ne sont ni les leurs ni les miens. J'ai cessé de prendre activement part à l'histoire racontée par l'État et je me suis mise à écrire la mienne.

© Groupe Eyrolles

C'est là qu'a débuté le pardon. J'ai commencé par l'homme qui m'avait tiré dessus. J'ai essayé d'établir un dialogue avec lui, mais il ne voulait pas : il était passé à autre chose et voulait laisser son passé derrière lui. Aussi, je me suis mise à exercer des pressions pour qu'il soit libéré et aujourd'hui encore, je continue. J'ai réalisé que tout ça, ce n'est pas pour lui, ni pour nous, mais pour moi que je le fais.

Nous devenons nos propres victimes quand nous ne pardonnons pas, car c'est en nous qu'est la haine, elle n'appartient pas à autrui. C'est un processus dont le but est de se libérer de sa propre souffrance.

Il était pour moi hors de question d'éduquer mes filles comme nos parents l'avaient fait. Cette approche manichéenne qui continue de conduire les gens à la guerre n'avait pour moi aucun intérêt. De ce point de vue, un terroriste est exactement comme un soldat, tous deux ont subi un lavage de cerveau. Quand on voit la réalité dans toute sa complexité, c'est plus difficile, mais plus intéressant et plus riche.

Après avoir atteint le pardon à l'égard de mon agresseur, je me suis rendu compte qu'il me fallait également pardonner à mes parents les tromperies qu'ils avaient permises et qu'ils continuaient de soutenir. Certains membres de ma famille ont suivi mon exemple, d'autres non. Aujourd'hui, mon frère ne souhaite plus me voir ni me parler.

Il y a des moments où je me sens très seule, mais pour la première fois de ma vie, je suis fidèle à moi-même. Et pour moi, c'est cela le plus important.

Yulie a produit trois documentaires : « Lev Haaretz » (2001), « My terrorist » (2002) et « My Land Zion » (2005).

© Groupe Eyrolles

Demander pardon, ce serait *culpabilisant*

J'ai déjà eu l'occasion d'aborder brièvement cet obstacle dans mon livre *Le Don du Pardon*[10], mais je vais y revenir ici, ainsi qu'à l'obstacle suivant. Oui, pour beaucoup d'entre nous, la notion même de pardon est vectrice de culpabilité. C'est ce que pourraient inspirer *a priori* des approches comme le Don du Pardon, Ho'oponopono ou certaines traditions religieuses, dans lesquelles l'accent est mis sur l'art de demander pardon, plus que sur celui de pardonner.

On peut effectivement demander pardon d'une manière très chargée de culpabilité. On peut l'utiliser non comme un moyen de se responsabiliser, de guérir ses plaies et se libérer, mais comme une façon de se dénigrer, de se ratatiner, de se trouver nul(le) ou minable, et de donner à autrui ou à son juge intérieur tout pouvoir sur soi. On peut, c'est vrai, se complaire dans la culpabilité de façon totalement morbide et improductive.

Beaucoup d'entre nous ont plus ou moins appris à pratiquer le pardon de cette façon. Lorsqu'on exige d'un enfant qu'il demande pardon, avec beaucoup d'accusation et de jugement dans la voix, on obtient peut-être de lui qu'il murmure un « pardon... » le regard baissé, mais d'une part on crée dans sa tête une association malsaine entre pardon et sentiment de culpabilité, et d'autre part on lui enseigne à exprimer de force un pardon artificiel, qui n'émane pas de son cœur, qui n'est pas le résultat d'un élan naturel et juste.

Ceux qui ont vécu cela dans leur enfance peuvent ensuite, une fois adultes, être portés à rejeter totalement la notion même de pardon. Redisons-le : ce serait jeter le bébé avec l'eau du bain (charmante expression, au demeurant...). Ce n'est pas parce qu'il est possible d'associer un comportement pathologiquement culpabilisant à une demande en pardon que celle-ci doit nécessairement être pratiquée de la sorte.

---

10 *Op. cit.*

© Groupe Eyrolles

Dans l'optique qui est celle d'Ho'oponopono ou du Don du Pardon, les demandes en pardon exprimées ne véhiculent pas de la culpabilité, mais un sens des responsabilités ; elles ne diminuent pas ceux qui les formulent, mais au contraire les libèrent et les grandissent. En demandant pardon, j'arrête de haïr, j'arrête de diaboliser ceux qui m'ont fait du mal, j'arrête d'utiliser ce qu'ils m'ont dit ou fait à telle époque comme un prétexte à nourrir indéfiniment dans mon présent ce ressentiment qui me détruit. Donc, je retrouve ma part de responsabilité, sans nier celle des autres pour autant, tant s'en faut. Je retrouve aussi mon pouvoir, et notamment celui de guérir :

- Si c'est moi qui ai fauté, je peux demander pardon sans me complaire dans la culpabilité, pour concentrer plutôt mon énergie à réparer ce qui peut l'être, à modifier ceux de mes comportements qui doivent l'être. La culpabilité n'apporte rien à autrui. Elle risquerait même de nourrir l'ego de celui qui aurait besoin de prendre sa revanche et l'ascendant sur qui lui a fait du mal. Triste satisfaction...

- Si c'est autrui qui a mal agi envers moi et que j'en ai conçu durablement du ressentiment ou de la haine pour lui, je peux lui demander pardon de m'être servi inconsciemment de ses faits et gestes pour justifier et faire perdurer mon état intérieur, là encore sans culpabilité : en me responsabilisant, en me réappropriant mon pouvoir sur mon état intérieur, sur mes sentiments et mes émotions.

> *Ce n'est pas parce qu'il est possible d'associer un sentiment de culpabilité à une demande en pardon que celle-ci doit nécessairement être pratiquée de la sorte.*

Vous aurez sans doute remarqué, au fil de ces nombreux obstacles au pardon, combien de fois celui-ci fait l'objet de confusion, en étant machinalement associé à d'autres comportements ou pratiques dont il peut et même doit être clairement dissocié. Une juste pratique du pardon exige de nous beaucoup de discernement et une forme de reprogrammation, au besoin, pour désapprendre la façon dont on l'exerçait jusque-là par mimétisme, et réapprendre une manière plus éclairée et plus équilibrée de le pratiquer.

© Groupe Eyrolles

Vivre un stage ou une cérémonie de pardon basés sur cette nouvelle approche permet d'acquérir de l'intérieur, par le vécu et l'expérience personnelle, ce que je détaille ici point par point. Au fond, c'est beaucoup moins difficile ou compliqué qu'il n'y paraît. Je le précise pour que vous n'ayez pas l'impression – infondée – que ce réapprentissage du pardon est quelque chose de long et fastidieux à entreprendre. Les milliers de gens qui ont déjà fait ce chemin sont là pour attester le contraire.

Demander pardon, ce serait *humiliant*

Cet obstacle est étroitement lié au précédent. Il résulte d'une autre confusion, entre humiliation et humilité cette fois. Oui, il est humiliant de se voir imposer de l'extérieur de demander pardon – notamment quand on est enfant – sans que cette demande obéisse à une réelle prise de conscience personnelle, à un élan naturel. Demander pardon, dans ce cas-là, revient à dire publiquement : « Je suis nul(le), je suis minable, je ne vaux rien, je suis détestable », etc. C'est à mes yeux un pardon bidon et dégradant, qui ne trompe d'ailleurs personne : celui qui reçoit cette formule convenue n'y croit guère et n'en éprouve qu'une maigre satis-faction ; et celui qui l'exprime est loin d'être toujours sincère, puisqu'il ne fait souvent que se soumettre aux adultes qui exigent cela de lui. Les apparences sont sauvées, mais ce pseudo-pardon n'apporte pas la guérison qui accompagne le vrai.

Ce pardon-humiliation de l'enfance peut fausser la compréhension que l'on gardera adulte de ce processus. Il est toutefois possible de s'en libérer au profit de cette vraie posture d'humilité déjà évoquée plusieurs fois. La différence ? Je ne demande plus pardon parce qu'on m'y force, en m'abaissant, en me ratatinant devant les autres, sous l'effet de la peur ou de la contrainte. Je demande pardon parce que j'en éprouve le besoin dans mon cœur, parce que j'en comprends le sens et la finalité

© Groupe Eyrolles

profonde, parce que je veux me libérer de toute haine, du lien toxique du ressentiment, parce que je veux guérir et retrouver ma liberté intérieure.

Les deux postures sont diamétralement opposées à tous points de vue : dans ce qui les anime, comme dans l'effet qu'elles produisent, tant en soi-même que chez l'autre. L'humiliation écrase, diminue, ratatine. L'humilité libère, grandit, élève. La première est imposée de l'extérieur. La seconde ne peut provenir que du dedans, de notre propre prise de conscience individuelle.

> **« L'humiliation écrase, diminue, ratatine. L'humilité libère, grandit, élève. »**

Il n'y a de vrai pardon qu'avec le cœur, or le cœur n'obéit ni à notre volonté ni à notre raison. Pascal disait de lui qu'il a ses raisons « que la raison ne connaît pas ». On ne peut forcer personne à faire sincèrement œuvre de pardon. On peut humilier quelqu'un, oui, mais il est impossible de lui imposer une humilité sincère. Celle-ci ne peut naître que de l'intérieur. Donc, là où il y a humiliation, il n'y a pas de pardon authentique. Seule l'humilité permet un pardon sincère et véridique.

Méthode de pardon n° 4

Le Don du Pardon : quatre demandes en pardon progressives

L'approche que m'a transmise Don Miguel Ruiz, qui a fait l'objet de mon livre *Le Don du Pardon*, traduit en cinq langues, et d'un atelier enseigné dans une dizaine de pays, repose sur une inversion du processus habituel du pardon. Il s'agit en effet d'apprendre à demander pardon, plutôt qu'à pardonner. Ce renversement peut initialement surprendre, paraître paradoxal ou absurde : pourquoi demanderais-je pardon, moi, surtout si c'est moi qui ai souffert, qui ai été blessé ? N'est-ce pas à celui qui m'a fait du mal de présenter des excuses, de me demander pardon, de réparer ? Et n'est-ce pas à moi de lui pardonner ?

…/…

© Groupe Eyrolles

Le Don du Pardon vise à me rendre libre, à me redonner mon pouvoir et ma responsabilité. Or, si je passe des mois et des années à attendre que l'autre fasse le premier pas, pour enfin pouvoir panser mes blessures, je risque d'attendre longtemps, voire indéfiniment (s'il est mort, par exemple). La cicatrisation de mon cœur ne dépend en réalité que de moi-même. Quand je fais les demandes en pardon ci-dessous, je laisse à l'autre l'entière responsabilité de ce qu'il m'a dit ou fait : je demande pardon pour la manière dont moi j'ai utilisé ce qu'il m'a dit ou fait, il y a tant de jours, de mois ou d'années, pour mes propres comportements qui n'ont cessé d'actualiser ces blessures anciennes, de les rouvrir, de les empêcher de cicatriser. Oui, c'est l'autre qui m'a fait la blessure première : mais c'est moi, depuis, qui par ignorance, par maladresse ou inconscience, ne cesse de la raviver, voire de l'aggraver.

Voici donc succinctement les quatre étapes de ce processus à la fois simple, court et néanmoins très puissant :

Je demande pardon aux autres. Si je suis seul, je visualise les personnes avec qui j'ai des nœuds relationnels et je leur demande pardon (pour celles qui m'ont fait du mal : pardon d'avoir utilisé ce qu'elles ont fait, comme prétexte à garder mon cœur fermé et à distiller mon ressentiment et ma haine). Si je suis dans un Cercle de Pardon, ces demandes en pardon se font entre les personnes présentes, à travers lesquelles ces demandes vont aller toucher celles et ceux à qui elles s'adressent, dans les deux sens. C'est toute la puissance transpersonnelle de ce rituel qui entre en jeu, en groupe.

Je demande pardon à mes boucs émissaires. Il s'agit ici d'arrêter de diaboliser des groupes entiers de personnes (par exemple les riches, les patrons, les pollueurs, les terroristes, les membres de tel parti politique, les adeptes de telle religion, les ressortissants de tels pays, etc.). L'idée est de reprendre les rênes de son propre cœur, de ne pas le laisser secréter des sentiments négatifs envers n'importe qui, sur la base de préjugés et d'*a priori*. C'est faire le choix d'aimer, d'être un canal d'amour, plutôt que de laisser les sentiments et

© Groupe Eyrolles

.../...

émotions les plus noirs et les plus toxiques passer à travers soi (et donc nous empoisonner) avant de les diriger sur autrui.

Je demande pardon au « plus-grand-que-soi ». Selon la philosophie et les croyances de chacun, cela peut signifier demander pardon à Dieu, à la Vie avec un grand « V », à l'Amour avec un grand « A », à la Terre, la Nature, au destin, aux seigneurs du karma… À qui en voulez-vous quand la vie vous impose des épreuves ? À qui reprochez-vous les coups durs de la vie ? Cette étape permet d'arrêter d'utiliser ce qu'il y a de plus grand, de plus beau et plus sacré, comme un prétexte supplémentaire pour broyer du noir dans son cœur. C'est une projection supplémentaire qu'on interrompt, un pouvoir de plus que l'on reprend en soi.

Je me demande pardon à moi-même. Dernière des quatre étapes, c'est envers moi-même que je fais œuvre de pardon. Je me demande pardon, pour toutes les fois où je me juge, où je m'accuse et me sanctionne moi-même, pour toutes les fois où je suis divisé contre moi, en conflit intérieur, dans le rejet de certaines parties de moi. Je fais la paix intérieure, je me réconcilie avec moi-même, je fais l'unité dans mon cœur. Selon les croyances de chacun, on peut s'imaginer sous les traits de l'enfant que l'on a été, symbole d'innocence et de pureté, ou sous la forme de l'étincelle divine, de l'esprit qui habite en chacun de nous. Et, plutôt que de chercher à se pardonner à soi-même, il s'agit ici de se demander humblement pardon, dans une attitude de lâcher-prise total de toutes les accusations et les griefs qu'on a vainement cultivés contre soi-même.

En groupe, un Cercle de Pardon — avec exercices préliminaires — ne prend que deux à trois heures. Seul, chez soi, le processus décrit ci-dessus peut se faire en dix à vingt minutes seulement. Et c'est à chaque fois comme une douche du cœur qui emporte dans son flot tout ce qui commençait à se cristalliser en nous comme sentiments et émotions négatifs ou toxiques.

Pour en savoir plus : www.olivierclerc.com/le-don-du-pardon

© Groupe Eyrolles

Le pardon, ce serait un *signe de faiblesse*

C'est là une idée passablement répandue, dont les fans de la série *NCIS : enquêtes spéciales* auront certainement entendu une variante de la bouche de l'agent spécial Gibbs : « Ne t'excuse jamais ! », dit-il sitôt que l'un de ses agents – et surtout les hommes parmi eux – a le malheur de s'excuser. Pour les tenants de ce point de vue, demander pardon, présenter des excuses – autrement dit reconnaître ses torts, vouloir les réparer – c'est nécessairement un aveu de faiblesse, c'est baisser sa garde, c'est prêter le flanc à la riposte ou aux attaques de l'autre.

Cette position me paraît doublement fausse.

Premièrement, parce qu'elle laisse entendre que celui qui jamais ne s'excuse, jamais ne demande pardon pour ses fautes, serait quelqu'un de fort. Mais de quelle force parle-t-on, en réalité ? De la force du déni, de la force de résistance de l'ego, d'une force purement personnelle qui se construit dans l'opposition et la séparation. Cette force-là, que doit déployer au quotidien celui qui nie sa responsabilité, puise dans ses propres ressources : au final, elle l'affaiblit, elle le rigidifie sur ses positions, elle le coupe de la vie. Cette force, finalement très illusoire, m'apparaît surtout comme un aveu de faiblesse caché : « Je ne sais pas lâcher », dit-elle, « je dois tout contrôler, je dois me défendre et me protéger à tout prix, je suis dans un combat permanent, fût-ce contre la vie elle-même ».

Deuxièmement, qu'en est-il de la prétendue faiblesse de celui qui sait reconnaître ses torts, demander pardon, s'efforcer de réparer ? C'est la faiblesse de celui qui ose poser son armure trop lourde pour marcher plus légèrement, pour rester souple, rapide et mobile. Prenez un cafard : il résiste à dix fois la gravitation terrestre (G), alors que l'homme perd connaissance dès deux ou trois G. Mais mettez ce cafard sur le dos, et tout ce qui fait sa force – sa carapace – l'empêche de se redresser tout seul, et il est condamné à mourir...

© Groupe Eyrolles

Il y a des forces apparentes qui cachent des faiblesses redoutables, et des faiblesses apparentes qui sont en réalité de grandes forces. Reconnaître ses torts, savoir demander pardon, c'est se libérer du fardeau écrasant du jugement, du déni, voire de la haine. C'est s'alléger. C'est se remettre dans le flot de la vie et être à nouveau porté par elle.

« Il faut qu'il croisse et que je diminue », disait Jean le Baptiste à propos du Christ, une phrase qui signifie symboliquement parlant : « Il faut que l'esprit croisse en moi et que mon ego diminue ». La vraie force n'est pas dans l'ego, la petite personnalité limitée. Elle est dans l'étincelle de vie, le Soi qui nous habite. C'est cette force-là que manifestait un Gandhi, par exemple, malgré sa petite taille et sa maigreur. Une force qui a fini par faire plier un empire entier, parce que ce n'était pas une force personnelle, issue des revendications ou des résistances de son ego.

> **" Il y a des forces apparentes qui cachent des faiblesses redoutables, et des faiblesses apparentes qui sont en réalité de grandes forces. Reconnaître ses torts, savoir demander pardon, c'est se libérer du fardeau écrasant du jugement, du déni, voire de la haine. "**

En réalité, contrairement aux apparences, oser demander pardon requiert une grande force intérieure, une confiance en la vie, une forme d'abandon à plus grand que soi. Du coup, il n'est plus nécessaire de renforcer les défenses et les remparts de son ego, de se justifier, de se protéger, de tout contrôler, de ne rien céder.

C'est peut-être justement parce que cela demande un courage et une force qui ne sont pas ceux de l'ego, que le pardon nous semble parfois si difficile à mettre en œuvre. Ceux qui s'y osent ressortent libérés et fortifiés de l'expérience : certainement pas affaiblis ni diminués.

© Groupe Eyrolles

En 1993, Lyndi Fourie a été tuée au cours du massacre de la Heidelberg Tavern, au Cap, à l'âge de 23 ans. Neuf ans plus tard, sa mère, Ginn Fourie, a entendu à la radio l'interview de l'homme qui avait donné l'ordre de cet attentat. Letlapa Mphahlele, ancien directeur des opérations de l'armée de libération du peuple azanien (ALPA), la branche militaire du Congrès National Africain (ANC), se trouvait au Cap pour assurer la promotion de son autobiographie, Child of this soil (Enfant de cette Terre). Depuis, ils œuvrent ensemble à la réconciliation en Afrique du Sud, via la Fondation Lyndi Fourie.

Ginn Fourie

Dans la soirée du 30 décembre 1993, des rafales d'AK-47 ont mis un terme à la vie de notre fille et à ses rêves. Lyndi n'a pas eu le temps de débattre des motifs pour lesquels l'ANC voulait que les Blancs souffrent comme avant eux les Noirs sous l'apartheid, bien qu'elle avait souvent pleuré devant les nombreuses injustices dont ces derniers étaient victimes.

> **" ** *Lorsqu'on les exprime, nos sentiments de vulnérabilité sont capables de créer des liens durables.* **"**

En tant que parents, nous avons fait de notre mieux pour accepter cette perte. Ce fut, pour mon mari et notre fils Anthony, une période de profondes souffrances. À son enterrement, mon frère aîné qui dirigeait le service religieux suggéra que la réaction la plus chrétienne possible à la violence consistait à l'absorber ; tout comme le tendre corps de Lyndi l'avait fait, ce jour fatal.

Dans la semaine qui suivit le massacre de la Heidelberg Tavern, trois jeunes hommes furent arrêtés. En novembre 1994 leur procès

© Groupe Eyrolles

débuta. Assise dans la Cour suprême du Cap, je les regardais sur le banc des accusés : Humphrey Gqomfa, Vuyisile Madasi et Zola Mabala. Ce faisant, j'ai dû affronter mes propres sentiments de colère et de tristesse, mais, allez savoir pourquoi, je n'arrivais pas à éprouver de haine envers eux. Au cours de ce procès, je leur ai fait passer un message *via* l'interprète, qui disait : « S'ils sont coupables ou se sentent coupables, je leur pardonne ».

Toutefois, je dépendais aussi de la loi pour venger la perte que j'avais subie, et je fus soulagée qu'ils soient tous trois reconnus coupables de meurtre et condamnés à une moyenne de vingt-cinq ans de prison chacun. Le juge les avait décrits comme des marionnettes : des pantins qui avaient commis un crime violent, orchestré par des personnes autrement plus rusées et plus intelligentes qu'eux.

Beaucoup de gens ont désapprouvé le pardon que j'ai accordé aux meurtriers de Lyndi, mais étant chrétienne, j'avais à cœur le souvenir du pardon que le Christ lui-même avait octroyé à ceux qui l'ont tué. Depuis, j'ai fini par comprendre que le pardon est un processus qui nécessite de prendre la décision de principe de renoncer à son droit justifié à la revanche. Parce qu'accepter une quelconque violation revient à se dévaloriser soi-même.

Au cours des auditions de la Commission Vérité et Réconciliation (CVR), en octobre 1997, j'ai appris que les meurtriers de Lyndi obtiendraient sans doute une amnistie, et je ne m'y suis pas opposée. Au terme de ces auditions, les trois jeunes gens ont demandé à me parler. Ils m'ont remercié et m'ont dit qu'ils transmettraient mon message de pardon et d'espoir à leurs communautés et sur leurs tombes, qu'ils soient amnistiés ou non.

Puis, en octobre 2002, en allumant la radio dans ma voiture, j'ai entendu une interview de Letlapa Mphahlele, le cerveau du massacre de Heidelberg. Je savais qu'il avait évité le procureur et n'avait pas postulé pour une amnistie, aussi, animée d'une certaine colère et d'une indignation justifiée, me suis-je rendue au lancement de son livre.

© Groupe Eyrolles

Durant cette conférence de presse, je me suis levée et je lui ai demandé s'il banalisait le travail de la CVR en n'y participant pas. À ma surprise, il m'a répondu de manière très positive. Il a dit qu'il comprenait qu'on puisse penser cela, mais qu'à son avis c'était plutôt la CVR qui banalisait le fait que l'ALPA livrait à l'époque un combat juste. Pourquoi – m'a-t-il demandé – alors que ses propres soldats sont en prison, avait-on épargné les forces de défense de l'apartheid ? Je n'avais jamais vu les choses ainsi auparavant, et je me suis retrouvée en larmes. Puis Letlapa a quitté son podium pour venir jusqu'où j'étais assise et m'a dit : « Je ferai tout ce que je peux si vous acceptez de me rencontrer cette semaine ». À cet instant, j'ai lu des remords dans ses yeux. Ç'aurait été tellement plus facile qu'il soit un monstre, avec des cornes et une queue.

Les gens disaient qu'il refusait de s'excuser, mais j'ai bientôt découvert que pour lui, dire « désolé » était trop facile. Il souhaite construire des passerelles entre nos différentes communautés, pour favoriser la réconciliation. Au mois d'octobre de cette année, il m'a invitée à la cérémonie qui marquait son retour chez lui, après vingt ans d'exil, et m'a demandé d'y faire un discours. C'est là que j'ai pu présenter mes excuses à son peuple pour toute la honte et les humiliations que mes ancêtres leur avaient imposées, *via* l'esclavage, le colonialisme et l'apartheid. Lorsqu'on les exprime, nos sentiments de vulnérabilité sont capables de créer des liens durables.

Le nom « Letlapa » signifie « homme de pierre ». Je crois que Letlapa a livré une lutte formidable pour devenir un « enfant de cette terre ». Moi aussi, je suis une enfant de cette terre. Je sais que ce sont les balles de ses acolytes qui ont tué ma fille, et qu'une douleur terrible m'accompagnera toujours. Mais j'ai pardonné à l'homme qui a donné cet ordre, car je ressens son humanité.

Letlapa Mphahlele

Je suis athée, mais je crois absolument en la réconciliation, en la rencontre d'âme à âme, de personne à personne. En tant qu'êtres

© Groupe Eyrolles

humains, nous devons nous faire face et réparer nos relations. Ma rencontre avec Ginn a été une expérience profonde et une grande leçon d'humilité pour moi. Dès notre première rencontre en 2002, Ginn m'a compris. Alors que d'autres ne comprenaient pas pourquoi ces terroristes ne s'excusaient toujours pas, Ginn a dit qu'elle détectait des remords en moi. À cette époque, toutes les charges qui pesaient sur moi avaient été retirées, mais je ne ressentais toujours rien intérieurement. Ce n'est qu'à partir du moment où des gens m'ont fait cadeau du pardon que mon cœur a été ébranlé dans ses fondements, et que quelque chose s'est restauré en moi.

Depuis ma rencontre avec Ginn, j'ai dû affronter le fait que des gens ont été tués à cause des ordres que j'ai donnés. Il m'a aussi fallu reconnaître que les personnes que nous combattions, que nous avons blessées ou endeuillées, n'étaient jamais nos ennemis directs. Je croyais qu'il fallait répondre à la terreur par la terreur, et j'ai autorisé des massacres d'envergure sur des civils blancs, tout comme nos oppresseurs l'avaient fait. À l'époque, ça me semblait la seule réaction valable. Mais où cela nous aurait-il conduits ? Si mes ennemis avaient été cannibales, aurais-je mangé de la chair blanche ? S'ils avaient violé des femmes noires, en aurais-je violé des blanches ?

Depuis cette époque, j'ai changé. Je ne crois plus qu'il faille répondre à la violence par la violence. Je pense désormais qu'on peut réagir à l'oppression de manière plus créative. Je crois ce que dit Ginn, à savoir que même si la violence croise votre chemin, il faut « l'absorber ». Et ce n'est pas une solution de lâche ; c'est extrêmement difficile à faire.

Ma mission, désormais, consiste à m'occuper de ceux qui ont survécu, car en nous réunissant, nous parvenons à restaurer notre humanité réciproque. Lorsque Ginn est venue à ma cérémonie de retour chez moi, elle a fait le plus émouvant discours de toute cette journée. Elle s'est levée et a demandé pardon à tout le monde, au nom de ses ancêtres. C'est elle qui a été le plus applaudie, bien plus que moi après pratiquement vingt ans d'exil.

© Groupe Eyrolles

Certains ont décidé de ne pas me pardonner ce que j'ai fait, et je le comprends. Il n'est pas facile de pardonner, mais je crois que ceux qui l'ont fait montrent comment on peut entreprendre la reconstruction de nos communautés. C'est une vaste mission humaine. On me demande parfois si j'ai tué des gens moi-même, de mes propres mains. Quand on me pose la question, je ne réponds jamais. Non pas que j'aie peur de dire la vérité, mais parce que j'estime que chaque soldat qui a tué sous mes ordres est moins coupable que moi, puisque c'est moi qui ai désigné les cibles. C'est à moi d'en endosser la faute.

Pour en savoir plus : www.lyndifouriefoundation.org.za

Note : un documentaire exceptionnel et très émouvant, de 28 minutes seulement, a été consacré à l'histoire de Ginn et Letlapa. Il a été primé. Réalisé par l'association Initiatives et Changement, il s'intitule *Beyond Forgiving* (www.iofc.org/fr/au-dela-du-pardon-beyond-forgiving), et comprend des sous-titres en français. Nous l'avons projeté aux Journées du Pardon de 2014 où il a suscité beaucoup d'émotion parmi les deux cents participants. C'est à mes yeux l'un des plus extraordinaires témoignages vidéo sur le pardon.

Vouloir aller *plus vite que la musique*

Nous arrivons au dernier de cette quinzaine d'obstacles au pardon. J'ai souvent eu l'occasion de le rencontrer dans les ateliers que j'anime. En raison de l'éducation religieuse qu'ils ont reçue, certains d'entre nous, à peine leur arrive-t-il quelque chose de douloureux, violent ou traumatisant, qu'ils se disent : « Je dois pardonner ! ». Cette obligation, ce devoir de pardon, leur est dicté par les enseignements religieux qu'ils ont

© Groupe Eyrolles

reçus, ou plutôt par la compréhension qu'ils en ont acquise. Bien sûr, la Bible, par exemple, nous enjoint de pardonner « même à nos ennemis », et l'on trouve des injonctions similaires dans diverses autres traditions religieuses ou spirituelles. Mais ces recommandations doivent-elles pour autant se muer en instruments d'autotorture ? Où est-il écrit qu'il faut pardonner là, tout de suite, sans attendre ?

Nous venons de voir que le cœur n'obéissait pas à la volonté. On a beau « vouloir » pardonner, si le cœur s'y refuse, on n'y parviendra pas. Comment peut-on « devoir » pardonner, dans ce cas, c'est-à-dire soumettre sa propre volonté à un commandement religieux, dans l'espoir que le cœur s'y plie ?

Que provoque cette obligation de pardonner chez ceux qui s'y astreignent de force ? Un sacré bazar ! Elle peut tout naturellement faire naître beaucoup de culpabilité : « Je devrais pardonner, or je n'y arrive pas, donc je ne suis pas un(e) bon(ne) chrétien(ne) (ou autre confession). Je ne suis pas quelqu'un d'assez évolué, d'assez spirituel ». Elle peut également conduire à refouler ses émotions, y compris les plus douloureuses, ainsi que tous ses jugements. Ce refoulement va les enkyster durablement, empêchant toute véritable guérison. Il va faire vivre l'intéressé(e) dans le déni, lui faire affecter un état qui n'est pas vraiment le sien.

Tout cela sent mauvais, si vous me pardonnez l'expression ! Cela n'a rien à voir avec le pardon véritable. Ce n'est que maladresse ou fausseté.

En réalité, le pardon est comme un fruit qui mûrit à son rythme sur la branche. On peut en favoriser la maturation, mais certainement pas en griller les étapes. Étapes : c'est peut-être le mot clé, ici. Chacun aujourd'hui a entendu parler des cinq étapes du deuil, décrites par le Dr Élisabeth Kübler-Ross : déni, colère, marchandage, dépression, acceptation (complétées ou nuancées depuis par certains). De manière analogue, il se pourrait que le pardon comporte lui aussi différentes étapes, qui peuvent varier d'une personne à l'autre, selon ce que chacun a vécu, ses croyances et son tempérament.

Pour certains, la première étape est souvent d'accepter et d'exprimer les émotions qu'a suscitées l'événement douloureux qui a été vécu, au lieu

© Groupe Eyrolles

de les refouler, de les nier. Dans ses ateliers de « pardon radical », Colin Tipping (voir p. 78) utilise parfois une raquette de tennis et des coussins pour permettre aux participants de sortir enfin toute la colère refoulée qui les empêche de cheminer avec authenticité vers le pardon. On peut comparer une émotion à une vague : petite, il lui faudra quelques mètres pour s'affaisser sur la plage ; grande, il lui faudra une distance beaucoup plus importante ; et si c'est un tsunami émotionnel, il faudra prévoir une plage d'affaissement de très grande longueur. Nier l'émotion revient à édifier une digue devant... quitte à la voir exploser un jour. S'enfermer dans un récit de doléances, c'est laisser les vents du mental souffler violemment sur cette vague jusqu'à la doubler ou la tripler de volume. Entre déni et amplification, l'idéal est de simplement permettre à cette vague de nous traverser à son rythme. Une fois cette porte franchie, il se peut que la suivante soit déjà celle du pardon.

Je me souviens d'une participante à l'un de mes ateliers qui voulait pardonner à son supérieur... qui la harcelait quotidiennement au travail ! Souvenez-vous de l'analogie avec les blessures physiques : comment une blessure à l'arme blanche peut-elle cicatriser, si l'agression se poursuit ? C'est impossible ! Il faut d'abord se soustraire à l'agresseur, se mettre en sécurité, puis aller se faire soigner. Idem pour les blessures du cœur : vous ne pouvez pas guérir ces blessures-là – faire œuvre de pardon – si vous continuez de subir un harcèlement moral quotidien. Donc, dans le cas de cette femme, la première étape que je lui ai suggérée, c'était de se soustraire d'une manière ou d'une autre à l'influence destructrice de cette personne aux comportements pervers

> *Il y a un temps pour tout, sous le soleil, dit l'Ecclésiaste. Un temps pour accepter ce qu'on a vécu. Un temps pour accueillir ses émotions. Un temps pour pardonner. Un temps, si nécessaire, pour porter plainte et demander réparation.*

très installés (qu'on qualifie généralement de « pervers narcissique ») qu'elle avait pour chef. Une fois en sécurité, il serait largement temps pour elle d'envisager un travail sur le pardon. Mais pas avant. J'ai d'ailleurs eu

© Groupe Eyrolles

la joie de la revoir deux ans après, transformée... et libérée à la fois de la tyrannie de ce supérieur et de toute forme de haine ou ressentiment à son encontre.

L'idée à retenir, c'est qu'on ne peut pas aller plus vite que la musique, fût-ce au nom des plus beaux commandements religieux. Il y a un temps pour tout, sous le soleil, dit l'Ecclésiaste. Un temps pour accepter ce qu'on a vécu. Un temps pour accueillir ses émotions. Un temps pour pardonner. Un temps, si nécessaire, pour porter plainte et demander réparation. Ces temps ne sont pas les mêmes pour chacun d'entre nous : les systé- miser serait sans doute une erreur. Il me semble plus juste d'apprendre à s'écouter et à se respecter, que de vouloir suivre dans l'ordre un protocole qui serait sensé être valable pour tous, en tous lieux.

Le pardon n'est pas un devoir : c'est une grâce que l'on s'ouvre à recevoir, lorsqu'on est prêt.

Le nouveau *cadastre du pardon*

Au terme de ce passage en revue des principaux obstacles au pardon, le territoire que recouvre cette notion apparaît beaucoup plus claire- ment délimité qu'auparavant, où il empiétait sur d'autres notions dont il était impératif de le distinguer et de le séparer. Peut-être même ce territoire – l'espace du pardon – est-il beaucoup plus réduit qu'avant : il ne recouvre plus ces autres parcelles intitulées « réconciliation obliga- toire », « caution », « religion », « culpabilité », « humiliation », etc. Mais en se limitant de la sorte, il en devient surtout beaucoup plus précis : il y a moins de chance de s'y perdre. Du coup, il est également plus facile à arpenter (à mettre en œuvre), sans s'y égarer.

Forts des définitions et des clarifications de ces deux premières parties, allons-nous maintenant parvenir à répondre à la question-titre de ce livre ?

© Groupe Eyrolles

Pour conclure

« Peut-on tout pardonner ? »

© Groupe Eyrolles

Nous voilà donc revenus à notre question de départ : « Peut-on tout pardonner ? »

À la lumière de la manière dont nous avons redéfini le pardon dans ces pages et dont nous en avons circonscrit plus étroitement la signification, cette question s'éclaire ici d'un jour très différent, comme vous avez peut-être commencé à l'entrevoir par vous-même.

Habituellement, quand on se pose cette incontournable question, c'est en ayant le centre de gravité relationnel sur l'autre, et non sur soi : « Est-ce que je peux lui accorder mon pardon, à elle ou à lui ? Est-ce qu'il ou elle le mérite ? La gravité de ses actes m'autorise-t-elle à lui faire ce cadeau ? ou pas ? »

Or on a vu tout au long de ces pages que faire œuvre de pardon, c'est avant tout et essentiellement un cadeau que vous vous faites à vous-même. L'objectif, redisons-le, c'est de vous libérer de l'étau de la haine, de panser vos plaies, de guérir votre cœur. Dès lors, le centre de gravité n'est plus sur l'autre, mais sur vous. Et par conséquent la question doit en réalité être reformulée. Au lieu de vous demander : « Puis-je tout pardonner ? » (sous-entendu : à l'autre), vous devriez plutôt vous interroger : « Puis-je guérir ? » (moi-même). « Quelles que soient les blessures que mon cœur a subies, puis-je les soigner, les cicatriser ? »

C'est une sacrée inversion de posture !

En priorité, vous ne cherchez pas à savoir ce que le pardon peut apporter à votre agresseur, mais à vous-même. Vous vous recentrez sur votre propre aspiration à l'intégrité, à l'unité, à la guérison.

© Groupe Eyrolles

Parallèlement, comme on l'a également vu, accorder ce baume du pardon à votre propre cœur ne vous empêche pas de faire aussi appel à votre tête, à votre discernement, et de décider avec bon sens et intelligence quelle attitude juste adopter face à votre agresseur, selon la gravité de ses actes et sa propre prise de conscience :

- Vous réconcilier ?

- Interrompre toute relation avec lui (elle) ?

- Ou carrément déposer plainte ?

« Puis-je guérir mon cœur, quelle que soit la gravité des blessures subies ? » : telle est donc la vraie question à se poser, au terme de notre investigation. Ce n'est donc pas une réponse à notre question initiale que nous apportent au final toutes les réflexions qui précèdent, mais bien une reformulation de la question originale, puisqu'elle découlait elle-même d'une compréhension faussée du pardon, qui est celle qui prédomine aujourd'hui. Il est impossible d'apporter une bonne réponse à une mauvaise question. Mais seul un approfondissement sérieux de ce qu'est véritablement le pardon – auquel nous a conviés cette fameuse question maladroite, que nous nous sommes tous posée un jour – pouvait nous permettre de changer de point de vue et donc d'aboutir en définitive à cette nouvelle manière d'interroger le pardon :

« Puis-je guérir mon cœur, quelle que soit la gravité des blessures subies ? »

À la lumière des centaines de centaines de témoignages recueillis par le Forgiveness Project, de ceux que j'ai pu recevoir moi-même de participants à des ateliers et cercles de pardon, la réponse est trois fois « oui » :

- Oui, je peux cicatriser mon cœur.

- Oui, je peux guérir.

- Oui, je peux sortir de la spirale infernale de la haine et de l'étau du ressentiment.

Mais, rappelons-le, ce pardon-là ne veut dire ni nécessairement excuser l'autre, ni automatiquement cautionner ses actes. Il ne signifie pas non

© Groupe Eyrolles

plus se montrer faible, lâche ou d'une indulgence qui confinerait à l'injustice ou la stupidité. On peut faire œuvre de pardon tout en restant fort. On peut libérer son cœur tout en gardant un mental lucide, et en agissant de manière juste. L'amour que fait renaître ce pardon est un amour fort, un amour courageux, un amour doublé de la sagesse d'un intellect éclairé, non noyé sous les émotions.

La question de départ : « Peut-on tout pardonner ? », nous induit en erreur : elle oriente nos réflexions dans le mauvais sens, parce qu'elle est elle-même le fruit de toutes les approximations et de la confusion qui entourent généralement la question du pardon. Lorsqu'on change de compréhension du pardon – et je forme le vœu que ce livre y ait contribué – cette question perd sa raison d'être et disparaît. En même temps, sans cette fausse question de départ, peut-être n'aurions-nous jamais pris le temps d'approfondir le sujet jusqu'à en faire émerger quelque chose de plus vrai et de plus juste.

Celle-ci est désormais remplacée par deux autres questions :

- Qu'est-ce que je peux faire pour moi-même ? Est-ce que le pardon peut m'aider à trouver la paix du cœur à laquelle j'aspire ?

- Qu'est-il juste de faire pour l'autre qui a mal agi contre moi ? Une fois mon cœur en paix, que me dictent le bon sens et le discernement ?

> « On peut faire œuvre de pardon tout en restant fort. On peut libérer son cœur tout en gardant un mental lucide, et en agissant de manière juste. »

Avec ces deux questions, je distingue d'une part ce qui se passe dans mon cœur et dans ma tête, d'autre part ce que j'entreprends pour moi-même et comment je vais agir vis-à-vis de mon agresseur. Cette double distinction souligne l'importance du discernement dans une juste pratique du pardon, comme on l'a vu à maintes reprises.

C'est donc un beau message d'espoir que nous offre cet approfondissement de ce qu'est véritablement le pardon et de la manière de l'exercer. Oui, il est possible de guérir son cœur, quoi qu'on ait subi. Attention, toutefois :

© Groupe Eyrolles

possible ne signifie pas forcément facile ni rapide, mais la seule existence de cette possibilité est déjà un formidable encouragement en soi. Par analogie, je sais qu'il est possible de faire l'ascension du mont-Blanc : beaucoup d'alpinistes entraînés l'ont déjà faite. Est-ce que moi j'en serais capable aujourd'hui ? Pas sûr... Mais en revanche, je sais que je peux m'entraîner, que je peux progressivement acquérir les forces et la condition nécessaires à cet effort qui actuellement dépasse peut-être mes ressources physiques. Si je n'y arrive pas là, tout de suite, j'y arriverai peut-être dans quelques semaines, quelques mois.

Si demain il m'arrivait quelque chose de dramatique à moi, Olivier Clerc, serais-je capable de faire œuvre de pardon aussitôt ? Peut-être pas. Il serait prétentieux de ma part d'être affirmatif à ce sujet. Ma seule conviction, c'est qu'il y a un chemin et que, même si ça devait prendre du temps, même si ce chemin comprendrait sans doute plusieurs étapes successives, il me serait certainement possible de le parcourir à mon rythme, comme d'autres l'ont fait avant moi.

> *« À mes yeux, le pardon n'est pas une option, encore moins un luxe. C'est le passage incontournable vers le monde meilleur auquel bon nombre d'entre nous aspire. »*

C'est en cela que les témoignages et récits qui ponctuent ce livre sont inspirants et encourageants. Vous l'avez constaté : ils n'émanent pas de prophètes ni de héros, mais de personnes comme vous et moi. Face à l'indicible, ils ont réussi à faire ce chemin, chacun à leur rythme et à leur façon. En cela, ils sont des exemples pour nous tous. Ils ouvrent la voie. Ils dévoilent des possibles que chacun d'entre nous peut tenter d'atteindre à son tour.

L'humanité a actuellement le cœur malade, à l'échelle mondiale. De la première à la dernière page d'un quotidien, on ne fait que lire des problèmes relationnels, des incompréhensions, des conflits, diverses formes d'agressions, de violence et de guerre. Derrière l'apparente diversité des sujets évoqués – économie, politique, écologie, santé,

© Groupe Eyrolles

éducation, etc. – on ne trouve finalement que des humains face à d'autres humains, qui ne parviennent pas à établir des relations constructives et harmonieuses, ni à gérer intelligemment leurs désaccords et conflits. Et le monde moderne est en train d'en crever...

À mes yeux, le pardon n'est pas une option, encore moins un luxe. C'est le passage incontournable vers le monde meilleur auquel bon nombre d'entre nous aspire. Il n'y aura de monde vraiment nouveau ou meilleur qu'avec un cœur nouveau ou meilleur, donc un cœur guéri, libéré de ses vieilles blessures et souffrances qui teintent et déforment toutes nos relations à nous-mêmes comme aux autres.

Toute personne ayant vécu cette expérience du pardon sait de quoi je parle. Ne me croyez pas sur parole. Vérifiez-le à votre tour. Trouvez le moyen qui vous parle, la méthode qui vous inspire, et vivez à votre tour cette libération, cette guérison du cœur. Cela changera définitivement votre vie... comme mon expérience au Mexique en 1999 a résolument transformé la mienne.

Bonne guérison et bonne continuation à vous !

© Groupe Eyrolles

La métaphore des deux nuages

Comme on l'a vu tout au long de cet ouvrage, la facilité ou la difficulté que nous éprouvons à faire œuvre de pardon est étroitement liée à la compréhension que nous avons des choses : non seulement du pardon lui-même, mais aussi de ce qu'est l'être humain dans toutes ses dimensions et de ce qui se joue vraiment dans nos interactions les uns avec les autres, au-delà de ce qu'en captent nos cinq sens.

Depuis des années, dans mes ateliers, j'utilise une métaphore de mon cru pour illustrer cette vision transpersonnelle de l'être humain qui élargit et modifie considérablement notre manière de comprendre les choses et, par conséquent, nos possibilités d'action. Elle s'appuie sur divers recherches et travaux de pointe dans les domaines de la biologie, de la physique de la psychologie et de la psychothérapie, en particulier ceux du biologiste britannique Rupert Sheldrake et ceux du psychiatre américain d'origine tchèque, le docteur Stanislav Grof. Elle propose une vision transpersonnelle de la violence, de l'amour et du pardon.

Que dit cette métaphore ?

Le *premier nuage*

Imaginons un individu : vous, moi, n'importe qui. Au fil de la journée, il nourrit toutes sortes de pensées et il est traversé par un large éventail d'émotions et sentiments. Imaginons ensuite qu'à certains moments ce personnage soit pris d'une envie meurtrière : il ne supporte plus son

© Groupe Eyrolles

patron, sa voisine, sa femme ou son mari, ou encore sa belle-mère, comme dans un illustre dessin animé de Tex Avery (entièrement construit autour de la détestation des belles-mères !). Il aurait envie de prendre un fusil à pompe et de s'en débarrasser. Mais comme il est bien élevé, qu'il a certaines valeurs morales ou humaines et sait se contrôler, il ne traduit pas ses sombres pensées et ses sentiments négatifs en acte. Il se maîtrise.

Que deviennent ces pensées et ces sentiments, qui ne se sont pas concrétisés dans sa propre vie ?

Si l'on s'en tient à ce que dit la vision matérialiste des choses, dans laquelle nous avons grandi, ce que je pense se passe exclusivement dans ma tête, ce que je ressens se situe seulement dans mon cœur, et ça ne sort pas de là. C'est un processus purement chimique, diront même certains, qui se limite donc à ma propre personne. Dans le meilleur des cas, la médecine psychosomatique reconnaît que ces pensées et sentiments puissent avoir une influence néfaste sur la personne qui les cultive, et la rendre malade. Mais ça s'arrête là. Point.

Cette croyance – car c'en est une – est largement démentie par toutes sortes d'expériences réalisées depuis quelques décennies. Celles-ci montrent en effet que nos pensées et nos sentiments sont des énergies, et qu'elles se propagent bien au-delà de notre propre personne, sans doute un peu à la manière des ondes qu'échangent à grande distance nos ordinateurs, nos téléphones portables, nos tablettes, GPS et autres gadgets technologiques que nous utilisons tous désormais[1]. Ainsi, lorsqu'un groupe de personnes prient à distance pour les malades de telle aile d'un hôpital, par exemple, ceux-ci affichent un taux de récupération plus élevé que ceux de l'aile pour laquelle personne ne prie. Ces malades semblent donc avoir bénéficié de l'énergie positive émise à leur attention, sans qu'ils n'en sachent rien.

---

1   À leur insu, les scientifiques redécouvrent bien souvent des processus qui existent déjà dans la nature, sous d'autres formes, généralement plus élaborées. Nos multiples appareils qui émettent et reçoivent toutes sortes d'ondes invisibles et inaudibles ressemblent au fonctionnement même des êtres vivants qui eux aussi captent une énergie imperceptible (l'âme, l'esprit) et la manifestent ensuite à travers l'instrument spécifique qu'est leur corps.

© Groupe Eyrolles

Les pensées et sentiments meurtriers de notre personnage fictif ne vont donc pas non plus se cantonner dans le périmètre de son cœur ou de sa boîte crânienne. Elles vont émaner et rayonner autour de lui. Par affinité,

elles vont aller rejoindre d'autres pensées et sentiments de même vibration, émis par l'ensemble de la société, c'est-à-dire par nous tous, par vous et moi, chaque fois que nous sommes pris par des envies violentes en tous genres, que nous nous retenons de traduire en acte. J'illustre cela en disant que tous ces sentiments et pensées les plus noirs s'élèvent pour former un gros nuage de négativité, au-dessus de nos têtes.

Lorsqu'une personne, puis dix, puis mille, puis cent mille nourrissent régulièrement de tels sentiments et pensées, il finit par se créer un nuage énorme, tout noir, dans lequel s'accumule une formidable charge de violence.

Avez-vous déjà vu un nuage se former ?

J'en doute. À un moment, il est là dans le ciel, mais on n'a pas vu les trillions de gouttes d'eau qui le composent s'évaporer de l'océan, des lacs ou des forêts. Et voit-on sa dangereuse charge électromagnétique s'accumuler ? Pas davantage. Jusqu'à ce que...

Jusqu'à ce que subitement la foudre s'abatte sur un arbre, un clocher ou une personne qui la décharge dans le sol. De manière analogue dans cette métaphore, cette charge collective d'intentions négatives s'abat soudain sur une personne qui, elle, passe à l'acte, exprime concrètement

© Groupe Eyrolles

cette violence, la rend visible à tous, en devenant effectivement meurtrière. Et cette personne tue vraiment son patron, son mari ou sa femme, ou encore son voisin. Elle décharge l'énergie contenue dans le nuage.

Ce second personnage de mon dessin, c'est ce qu'on appelle parfois le « maillon faible ». C'est peut-être quelqu'un qui n'a jamais lu le moindre livre de développement personnel, qui n'a pas fait de stages de CNV (Communication Non Violente), qui n'a pas lu les accords toltèques ni pratiqué la méthode ESPERE ; quelqu'un qui a grandi dans un milieu particulièrement défavorable, ou qui est simplement beaucoup plus réceptif que la moyenne, qui n'a pas le moyen de se fermer à ces influences-là.

Et là, tout le monde désigne le coupable du doigt avec horreur : « Vous avez vu ce qu'il a fait ? C'est un monstre ! » Toute la vindicte publique s'exerce contre lui et lui seul. De l'ensemble du dessin que j'ai esquissé ci-dessus, il ne reste finalement plus que le dernier quart, en bas à gauche, celui où la foudre a frappé, le seul qui soit visible, tangible, manifeste, évident.

Selon la gravité de l'acte, et selon le pays où il se produit, la personne est alors arrêtée, enfermée, jugée, voire exécutée. Mais ce « traitement » de la violence prend-il vraiment en compte son cycle en entier, toute sa genèse... ou simplement son symptôme visible, son extériorisation concrète ?

Je précise tout de suite que cette vision transpersonnelle de la violence n'a pas pour objectif de dédouaner celui qui passe à l'acte, de lui retirer sa responsabilité ni d'en faire une victime. Elle vise à élargir notre compréhension des choses et les niveaux de responsabilité qui se superposent, mais le malfaiteur, le criminel, conserve la responsabilité individuelle de son acte. Toute personne ayant eu une enfance malheureuse, ayant été victime d'abus ou de violence, ne devient pas forcément violente à son tour (c'est même souvent le contraire). Le choix et la responsabilité de chacun demeurent. Il n'empêche que cette nouvelle façon de voir les choses, qui ne s'en tient pas qu'aux seules apparences, met également en

© Groupe Eyrolles

évidence une responsabilité collective. Par les pensées et les sentiments que nous nourrissons, nous pouvons à notre insu alimenter le stock – le nuage – de violence dans lequel puisent ceux qui la commettent vraiment.

Certains ont dit (on en a même fait une pièce de théâtre) que si Hitler avait réussi le concours des Beaux-Arts, la face du monde en aurait été changée. Ça me semble aussi crédible que de s'imaginer qu'il suffirait de détruire un clocher ou d'abattre un arbre pour que la foudre ne tombe pas du nuage d'orage qui plane au-dessus de nos têtes. Dans la vision transpersonnelle que je développe ici, il est évident qu'un énorme nuage de haine et de violence planait dangereusement au-dessus de l'Europe à l'époque, alimenté depuis des années par les choix malheureux effectués après la Première Guerre mondiale. En l'absence d'Hitler, la même charge aurait trouvé un ou plusieurs autres canaux d'expression, tout comme en l'absence de clocher élevé ou de grand arbre, la foudre frappe l'inconscient qui marche à découvert dans un champ ou n'importe quelle autre cible offrant le chemin le plus court vers le sol. Réduire la Seconde Guerre mondiale à l'influence d'un seul homme, c'est passer à côté de tout ce qui s'est passé au niveau européen, à cette époque, c'est négliger la participation collective à cette charge de tension et de violence qui s'est accumulée durant des années dans ce nuage… sans que cela minimise le rôle spécifique joué par Hitler, bien entendu.

Le même raisonnement s'applique à toutes sortes d'événements dramatiques actuels, que nous condamnons vigoureusement devant notre journal ou notre poste de télévision, sans avoir conscience qu'à travers eux, peut-être, c'est une part de notre propre violence mentale et affective qui a trouvé un exutoire de circonstance.

Attention ! Cette vision transpersonnelle n'a pas vocation à nous culpabiliser : elle vise bien plutôt à nous responsabiliser, à nous rendre plus conscients et à nous permettre d'autres choix. J'y reviendrai plus loin, mais je dois tout d'abord compléter mon dessin et terminer ma métaphore.

© Groupe Eyrolles

Le *second nuage*

Notre petit personnage, en effet, n'a pas seulement des pensées meurtrières occasionnelles qu'il ne concrétise pas. Il lui arrive aussi souvent d'avoir de grands élans humanitaires, l'envie de s'engager au service d'une bonne cause, de s'investir dans quelque projet porteur d'espoir. « Je travaillerais bien pour les Restos du Cœur », lui arrive-t-il de penser par moments. Ou « J'irais bien passer un ou deux mois dans une ONG à l'étranger qui s'occupe des plus démunis, qui creuse des puits, qui installe des panneaux solaires ou fait de l'alphabétisation ». Ou encore, « J'aimerais bien m'engager dans le mouvement des Colibris, faire de l'accompagnement de personnes en fin de vie, m'occuper de personnes âgées, handicapées, ou que sais-je ». Mais voilà, entre le travail, la famille, les obligations diverses, sans oublier les peurs et les doutes, ces grands sentiments et ces belles intentions restent souvent à l'état virtuel, elles ne se concrétisent pas dans la vie de notre petit bonhomme.

Que deviennent-elles, alors ?

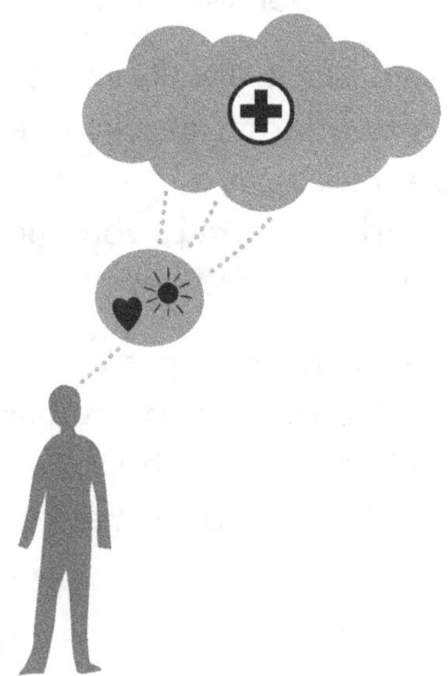

© Groupe Eyrolles

Je vous le donne en mille : par affinité, elles viennent alimenter un second nuage, différent du premier, dans lequel s'accumule cette fois une quantité extraordinaire d'énergie positive. Et, pareil qu'avec le nuage négatif, qu'arrive-t-il quand une, dix, mille, cent mille personnes voire des millions nourrissent les mêmes pensées, cultivent les mêmes intentions et sentiments, sans leur donner forme dans leur propre existence ? Eh bien ce nuage grossit, grossit, il accumule une charge positive de plus en plus élevée, jusqu'à ce que...

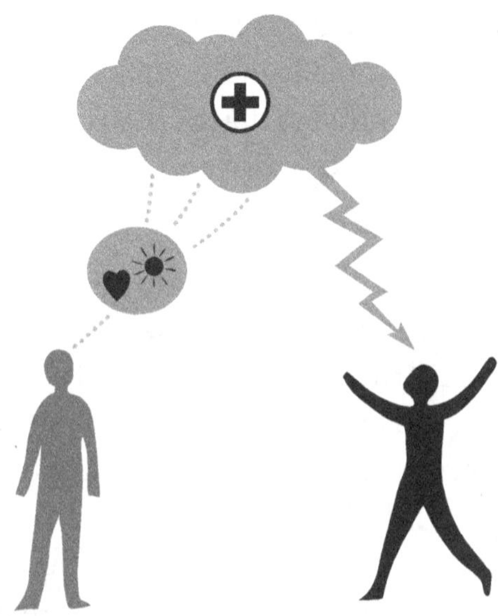

Jusqu'à ce qu'il se décharge lui aussi, d'une manière différente, à travers d'autres personnes : ça peut être Mère Teresa, João de Deus, Amma ou Gandhi. Et ces gens-là font des choses exceptionnelles, extraordinaires, ils guident, éclairent ou guérissent des centaines de milliers ou des millions de gens. Et là, tout le monde s'exclame : « Ouah ! Ce sont des gens exceptionnels, merveilleux, hors norme ! Des génies, des saints, de grands hommes ou femmes ».

© Groupe Eyrolles

Et là encore, nous ne voyons que le dernier quart en bas à droite de ce dessin : le résultat final, apparent, visible. Il ne nous vient pas (encore) à l'esprit que, peut-être, à travers les actions remarquables de ces personnes-là, c'est un peu de nos propres intentions positives, de nos propres sentiments et pensées les plus élevés qui ont trouvé le moyen de prendre forme et de se réaliser.

Ce que suggère cette métaphore des deux nuages, c'est qu'à notre insu, nous sommes partie prenante du pire et du meilleur qui se déroule sur cette planète : personne n'est isolé, coupé des autres, 100 % autonome et indépendant. Au contraire, nous sommes étroitement reliés les uns aux autres, nous nous influençons les uns les autres, dans une mesure qui varie beaucoup d'un individu à l'autre et dépend avant tout de son degré de conscience et donc de maîtrise de soi.

Par analogie, dans le corps humain, aucune cellule n'est totalement séparée des autres. Ce qui se vit dans le foie influence aussi bien le côlon que le cerveau. La maladie qui se déclare dans tel organe peut avoir son origine dans la saturation ou le dérèglement d'un autre. La moindre cellule du corps est donc influencée par la totalité des échanges qui se déroulent dans le corps. D'où le peu d'efficacité des traitements symptomatiques qui se limitent à ce qui est visible, déclaré : tôt ou tard, la maladie réapparaît, d'autant plus virulente que ses vraies causes ont été ignorées. À l'inverse, la médecine dite holistique prend en compte la totalité de l'individu, non seulement tout son corps, d'ailleurs, son alimentation, son activité physique, mais aussi sa vie émotionnelle et psychique.

En tant que « cellules » du corps social, nous baignons nous aussi dans une atmosphère collective : d'un côté, nous l'influençons à notre mesure, par les sentiments et pensées que nous cultivons, qui viennent renforcer tel ou tel nuage ; de l'autre, c'est elle aussi qui nous influence, selon le degré de réceptivité que nous avons à telle ou telle fréquence mentale ou émotionnelle, des plus élevées aux plus basses.

© Groupe Eyrolles

L'intérêt de cette vision transpersonnelle de nos interactions les uns avec les autres, comme je le disais plus haut, c'est qu'elle nous permet ensuite de faire des choix conscients, si nous le voulons :

- Quel nuage ai-je principalement envie d'alimenter, symboliquement parlant ?

- Vais-je laisser inconsciemment ma tête et mon cœur ruminer n'importe quels sentiments et pensées, comme des singes fous, quitte à renforcer à mon insu le nuage négatif, et ensuite à déplorer les éclairs qui s'abattront aléatoirement ici ou là ?

- Ou vais-je plutôt en conscience apprivoiser ces deux merveilleux outils que je possède, ma tête et mon cœur, pour orienter de plus en plus mes pensées et mes émotions dans le sens qui compte pour moi, c'est-à-dire vers ce qui est lumineux, positif, constructif ?

Il existe aujourd'hui un nombre considérable de livres et de stages qui ont précisément pour but d'aider celles et ceux qui le souhaitent à opérer cette transformation intérieure, à apprivoiser leur mental et leur cœur, à en faire de vrais alliés conscients, au lieu de saboteurs inconscients[2].

« Quel messager êtes-vous ? » demande régulièrement Don Miguel Ruiz à son auditoire, à la fin de ses conférences, depuis plusieurs années. Par ce que nous sommes, par ce que nous disons, ce que nous pensons, par les sentiments et émotions qui nous traversent, nous émettons à chaque instant un message autour de nous, comme un rayonnement ou encore un parfum qui émane de nous. Notre regard, notre posture, le ton de notre voix, notre façon de bouger, tout est langage, message.

Quel est-il, ce message ?

L'avons-nous choisi consciemment, délibérément ? Ou alors est-il le fruit de nos habitudes, de nos conditionnements, de notre milieu, la répétition involontaire et inconsciente de quelque chose qui, au fond, ne correspond pas à nos valeurs ? Notre présence quotidienne envoie-t-elle autour de

© Groupe Eyrolles

---

2   Dans mon livre *J'arrête de (me) juger* (Eyrolles, 2014), j'ai condensé plus d'une quinzaine d'outils différents que j'ai utilisés moi-même avec bonheur, pour transformer la nature de mes pensées et sentiments au quotidien.

nous un message de confiance, de lumière, d'espoir, d'amour, d'enthousiasme, de partage, de coopération… ou, par ignorance ou inconscience, envoie-t-elle plutôt des messages plus gris, plus sombres, plus lourds, plus tristes ?

Là aussi, Don Miguel Ruiz pose cette question à ses auditeurs dans une optique de conscientisation et de responsabilisation : la culpabilité n'a rien à faire là. L'objectif est de prendre conscience du pouvoir qui est le nôtre, pour en faire ensuite l'usage qui soit le plus en accord avec nos valeurs essentielles.

Les deux nuages, *les champs morphiques et le cloud*

La métaphore des deux nuages peut paraître un peu « nébuleuse », *New Age* ou pas très rationnelle à certains. Ce que je décris ici de manière imagée correspond pourtant étroitement à la notion de « champ morphique » développée depuis trente ans par Rupert Sheldrake, dont je vous recommande vivement les livres, notamment le premier, *Une nouvelle science de la vie*[3].

Pour résumer brièvement sa théorie, Sheldrake explique qu'à chaque forme de vie correspond un « champ morphique » – on aurait dit un « égrégore » dans les milieux spirituels d'autrefois – c'est-à-dire un champ d'énergie. Chaque cristal a son champ morphique. Chaque espèce végétale ou animale aussi. Il existe un champ morphique pour les humains. Mais cela va encore plus loin : chaque famille a son propre champ morphique, chaque religion, chaque culture aussi.

---

3   Rupert Sheldrake, *Une nouvelle science de la vie*, Le Rocher, 1989.

© Groupe Eyrolles

L'expérience de chaque membre d'une même espèce/famille/groupe vient alimenter le champ morphique correspondant. Et inversement, ce champ influence à son tour tous les individus qui lui sont reliés. Deux exemples authentiques vous permettront de comprendre rapidement le principe : le premier avec des rats, le second avec des humains.

Dans un laboratoire à Paris, des rats doivent trouver leur chemin à travers un labyrinthe sinueux pour en sortir et pouvoir manger. Au début, ils mettent longtemps à trouver la sortie. Puis avec de l'entraînement, ils y parviennent en trente secondes. Ensuite, à New York, on refait l'expérience avec des rats d'une autre souche, sans aucun contact avec leurs homologues français. Et dès le début, les rats new-yorkais trouvent la sortie du labyrinthe pratiquement aussi vite que les rats français. Autrement dit, l'expérience des rats français est venue alimenter le champ morphique – le nuage – des rats, et l'information contenue dans ce champ a ensuite permis aux rats américains d'égaler illico leurs prédécesseurs européens.

En Grande-Bretagne, un mot croisé très prisé paraît chaque week-end dans le *Times*. L'expérience cette fois a consisté à prendre les vingt meilleurs cruciverbistes (un joli mot à placer dans la conversation !) et à les diviser aléatoirement en deux groupes de dix. Les dix premiers ont été invités à faire le mot croisé du prochain numéro avant parution dans le *Times*, c'est-à-dire avant tout le monde. Leur temps moyen a été minuté et noté. Puis, le *Times* a publié son mot croisé, et des milliers de Britanniques l'ont fait durant leur week-end, pendant que les dix derniers cruciverbistes étaient maintenus à l'écart. Enfin, quelques jours après que toutes ces personnes ont fait leur mot croisé tranquillement chez elles, les dix cruciverbistes restants ont pu le faire et être minutés à leur tour. Résultat : ils l'ont fait en moitié moins de temps que les premiers. Ce qui suggère, là encore, que l'expérience de ces milliers de Britanniques est venue enrichir le champ morphique qui a ensuite permis aux dix derniers experts en mots croisés de battre à plate couture leurs homologues pourtant aussi experts qu'eux.

Rupert Sheldrake, dans ses divers ouvrages, présente des dizaines d'autres exemples qui concernent aussi bien les minéraux, les végétaux, les humains, les familles, les sociétés, voire les alphabets (!). Sa

© Groupe Eyrolles

théorie, bien que non prouvée scientifiquement (l'énergie de ces champs morphiques reste encore inconnue à ce jour), mais non invalidée non plus, a été reprise dans un grand nombre de disciplines, de la géologie à la botanique, en passant par la psychologie et la sociologie. Elle fournit une base théorique passionnante à cette dimension transpersonnelle de l'existence qui demain, sans doute, deviendra une évidence pour tout le monde et modifiera considérablement la compréhension de nos interactions et le niveau de responsabilité que nous partageons les uns avec les autres, pour le meilleur ou pour le pire, selon les nuages – les champs morphiques – que nous choisissons d'alimenter au quotidien.

Au-delà de cette convergence avec les champs morphiques de Sheldrake, moi qui utilise cette métaphore des deux nuages depuis déjà un certain nombre d'années, j'ai été frappé de voir émerger très récemment la notion de *cloud* (nuage, en anglais) dans le monde de l'informatique. Dans cet univers-là, on appelle « *cloud* » le lieu où vous pouvez stocker vos données à distance – fichiers, musique, photos, etc. – *via* une communication internet. Au lieu d'avoir tout sur votre propre disque dur, sur des clés USB ou des disques de sauvegarde – avec le risque qu'on vous les vole, qu'ils soient perdus ou détruits – l'idée est de les stocker « dans les nuages », sous forme immatérielle, d'où vous pourrez toujours les récupérer, à tout moment, où que vous soyez sur Terre, et sur n'importe quel ordinateur.

Dans la réalité, évidemment, le *cloud* n'est pas immatériel : ce sont d'immenses *data centers* aux États-Unis ou en Europe, de vastes locaux où se trouvent des ordinateurs bien réels, où vos données sont stockées à distance. N'est vraiment immatérielle que la communication internet *via* laquelle vos données sont transférées de votre propre disque dur au *cloud* ou dont vous les récupérez ensuite, sur tel ou tel ordinateur.

Il n'empêche que le choix de ce mot – *cloud*, nuage – me paraît très révélateur, très symbolique. À sa manière, et dans son registre technologique, il souligne lui aussi cette évolution en cours qui nous conduits à prendre conscience que notre monde n'est pas purement matériel – comme le scientisme matérialiste a voulu nous faire croire – mais qu'il est aussi constitué d'énergies imperceptibles, dont certaines sont encore

© Groupe Eyrolles

indétectables avec les instruments existants, mais dont les innombrables expériences réalisées par Rupert Sheldrake et consorts ne cessent de démontrer la réalité et l'influence très concrète.

Nuages et *pardon*

Dans l'obstacle n° 9 – Quand on ne voit que la dimension personnelle de l'acte – j'ai souligné combien il est difficile de faire œuvre de pardon quand non seulement on identifie la personne à l'acte qu'elle a commis, mais qu'en plus on ne voit qu'elle – comme on ne verrait que le seul tronc d'un arbre – sans prendre en compte tout ce à quoi elle est reliée, ses « racines » et ses « branches », symboliquement parlant. Cela revient, dans la métaphore des deux nuages, à ne voir que le quatrième et dernier quadrant, en bas à droite : le passage à l'acte (voir p. 142). Ce qui veut dire adhérer à l'illusion que nous sommes isolés, coupés les uns des autres, et que ce que vit chacun est indépendant de ce que vivent les autres. Dans le monde moderne où nous sommes à ce point connectés par des moyens de communication basés sur des ondes, qui nous relient les uns aux autres de manière invisible, tissant entre nous une toile vivante d'échanges permanents, l'adhésion à ce mythe de la séparation devient sinon grotesque, du moins paradoxale.

En gardant les deux nuages à l'esprit, et la manière dont chacun contribue à alimenter l'un ou l'autre, consciemment ou pas, nous pouvons parvenir à une vision élargie du mal que nous avons subi et, partant, élargir du même coup les canaux par lesquels le pardon peut se frayer un chemin en nous. Au-delà de la personne spécifique qui nous a fait du mal, cette métaphore nous aide en effet à discerner tout le cycle de la violence, plutôt que sa seule partie visible : à ne pas nous limiter à l'éclair qui nous a atteints, mais à nous rappeler aussi la participation collective au nuage

© Groupe Eyrolles

dont il a jailli[4]. Voir celui qui m'a nui comme seul et unique responsable de sa violence, ou plutôt prendre en compte le milieu où il a grandi et évolue, les multiples influences et courants qui le traversent, les champs morphiques et nuages auxquels il est relié, n'induit pas la même compréhension et n'éveille pas non plus les mêmes sentiments et réactions en moi. Comme on l'a vu à maintes reprises dans ces pages, le pardon n'est pas qu'une affaire de cœur et de bons sentiments, il est aussi très étroitement lié à la manière de voir et de comprendre la situation : plus étroite la vision, plus réduites les voies du pardon ; inversement, plus large la compréhension, plus vastes et ouverts les canaux par lesquels l'eau du pardon peut s'écouler en nous.

C'est aussi une leçon d'humilité que nous donne cette métaphore des deux nuages, d'une certaine manière, à l'heure où, au contraire, certains courants du *New Age* américain voudraient nous faire croire à une forme de toute-puissance et de contrôle absolu sur sa propre réalité. Humilité, oui, parce que ces nuages soulignent qu'en réalité mon sort est indéfectiblement lié à celui des autres ; parce que je peux faire tous les efforts possibles dans mon coin pour bien vivre, pour m'améliorer, pour être fidèle à certains idéaux et valeurs, mais je suis aussi tributaire du milieu où j'évolue, et ce n'est pas moi qui détermine seul les nuages qui survolent telle époque ou telle culture, même si je peux tenter avec d'autres de les pousser dans la bonne direction.

Nous vivons dans un monde façonné à chaque seconde par ce que pensent, ressentent et désirent des millions, des milliards de gens. Humilité, donc, pour accepter ce monde tel qu'il est et la place qu'on y occupe. Cette humilité-là est un formidable antidote à tous les jugements, tant ceux que l'on nourrit si promptement contre soi-même, que ceux que nous sommes enclins à prononcer un peu vite sur les autres, surtout si ceux-ci nous ont fait du tort. Elle nous remet sur un pied d'égalité les uns avec les autres, cette humilité, loin des prétentions altières du mental dans sa tour d'ivoire : elle permet tantôt d'agir sans prétendre tout contrôler,

---

4 Je rappelle que cette métaphore n'excuse ni n'absout celui qui a fait du mal : elle superpose simplement à sa propre responsabilité, qui est entière, un autre niveau de coresponsabilité collective, lié aux « nuages » que nous choisissons de renforcer ou non.

© Groupe Eyrolles

tantôt d'accepter sans se résigner. Et quand c'est nécessaire, elle facilite grandement le chemin du pardon.

Enfin, cette métaphore des deux nuages – et l'esquisse rapide que j'ai faite ici de la théorie des champs morphiques de Sheldrake – met en évidence un point crucial : rien de ce que nous faisons, même tout seuls chez nous, même perdus dans les montagnes ou le désert, ne reste sans effet. Chacune de nos pensées et nos intentions, chacun de nos sentiments, mais aussi chaque pratique régulière que nous avons, viennent renforcer par affinité le nuage ou le champ morphique correspondant. Ce qui veut dire d'une part que nous aidons d'autres personnes à penser, aimer et agir de la même manière que nous, et d'autre part que nous sommes à notre tour aidés, soutenus dans nos efforts, par tous ceux qui font le choix d'avancer dans la même direction que nous. Physiquement, oui, nous avons chacun un corps différent, nous paraissons isolés les uns des autres. Mais aux niveaux psychique, énergétique et spirituel, personne n'est seul, nous sommes en lien permanent les uns avec les autres, et nous créons ainsi des « familles », des groupes de personnes qui se soutiennent et se renforcent mutuellement à distance, même sans le savoir, dans leurs apprentissages et leurs réalisations.

Alors, à vous de choisir quels champs et quels nuages vous souhaitez désormais amplifier !

© Groupe Eyrolles

Bibliographie

- Clerc, Olivier, *Le Don du Pardon*, Trédaniel, 2010

- Fischer, Robert, *Le chevalier à l'armure rouillée,* Ambre, 2013

- Graciet-Hurtado, Maria-Elisa et Bodin, Luc, *Ho'oponopono*, Jouvence, 2011

- Grof, Stanislav, *Quand l'impossible arrive,* Trédaniel, 2007

- Luskin, Fred, *Pardonner pour de bon*, Fides, 2008

- Pennac, Daniel, *Chagrin d'école*, Gallimard, 2007

- Ruiz, Miguel, *Au-delà de la peur*, Jouvence, 2004

- Sheldrake, Rupert, *Une nouvelle science de la vie*, Le Rocher, 2003

- Tipping, Colin, *Le pouvoir du pardon radical*, Trédaniel, 2011

© Groupe Eyrolles

Suisse d'origine établi en France, Olivier Clerc allie depuis plus de trente ans un cheminement personnel où s'entrelacent spiritualité et développement personnel, et un parcours professionnel en tant qu'auteur, conférencier et formateur.

À ce jour, il est l'auteur d'une quinzaine de livres, avec des traductions dans une douzaine de langues, dont *La grenouille qui ne savait pas qu'elle était cuite*, devenu un best-seller international, *Le Don du Pardon*, *J'arrête de (me) juger* ou le récent *Lâche ton trapèze et attrape le suivant !*

Olivier Clerc anime des ateliers Don du Pardon dans divers pays francophones et anglophones. Depuis 2012, il forme des personnes à animer à leur tour des Cercles de Pardon autonomes : il en existe désormais plus d'une cinquantaine entre la France, la Suisse et la Belgique, mais aussi les Antilles et la Polynésie.

Avec son épouse, il est également le créateur des *Journées du Pardon*, un événement annuel rassemblant des intervenants internationaux durant quatre jours, pour offrir au public un large éventail d'approches différentes et complémentaires du pardon.

- www.olivierclerc.com
- www.cerclesdepardon.fr
- www.journeesdupardon.fr

© Groupe Eyrolles

Dans la même collection

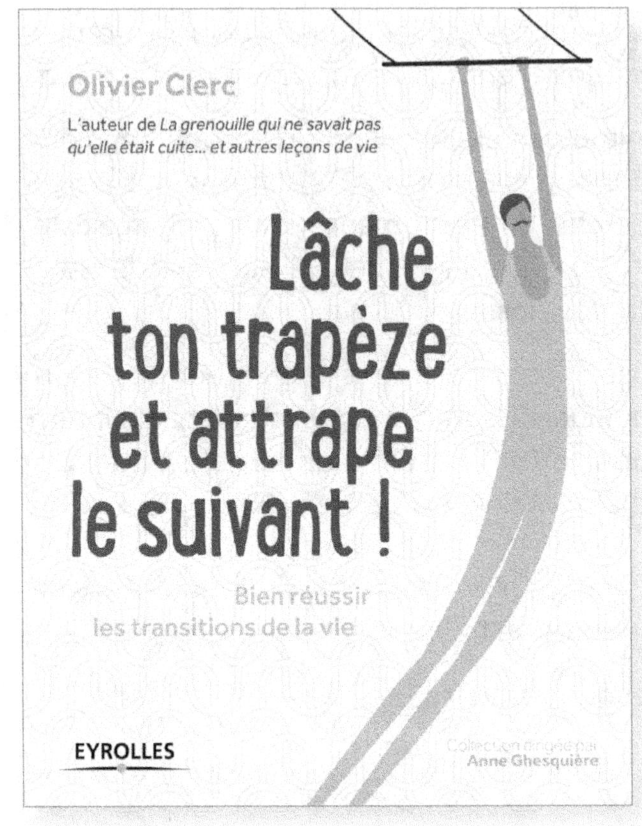

Dans la même collection

Dépôt légal : Août 2020

Imprimé en Allemagne par BoD

www.ingramcontent.com/pod-product-compliance
Lightning Source LLC
LaVergne TN
LVHW060113060726
842526LV00010B/2750